DU ROI

AU CAMP DE SAINT-OMER

ET

DANS LES DÉPARTEMENS DU NORD.

Septembre 1827.

VOYAGE
DU ROI
AU CAMP DE SAINT-OMER.

VOYAGE

DU ROI

AU CAMP DE SAINT-OMER

ET

DANS LES DÉPARTEMENS DU NORD.

SEPTEMBRE 1827.

(EXTRAIT DU MONITEUR.)

PARIS,

DE L'IMPRIMERIE ROYALE.

1827.

N. B. Les relations du Voyage de SA MAJESTÉ dans une partie de son royaume ont excité un tel empressement parmi toutes les classes de lecteurs, que nous sommes assurés de satisfaire à un besoin général, en recueillant les publications de diverses natures auxquelles cette heureuse circonstance a donné lieu.

VOYAGE
DU ROI
AU CAMP DE SAINT-OMER
ET
DANS LES DÉPARTEMENS DU NORD.

N° 1.

AUJOURD'HUI lundi 3 septembre, le Roi, après avoir entendu la messe, est parti de Saint-Cloud à cinq heures et demie du matin.

Sa Majesté avait avec elle dans son carrosse M. le duc de Polignac, premier écuyer; M. le duc de Blacas, premier gentilhomme de la chambre, et M. le duc de Luxembourg, capitaine des gardes-du-corps du Roi.

Dans un carrosse de Sa Majesté qui suivait immédiatement celui du Roi, étaient M. le comte de Pradel, premier chambellan maître de la garde-robe;

M. le duc de Mortemart, capitaine-colonel des gardes à pied ordinaires du corps du Roi, et M. le duc de Maillé, premier aide-de-camp de Sa Majesté.

MM. les ministres de la guerre et de l'intérieur s'étaient rendus d'avance à Soissons.

Le marquis de Rochemore, maître des cérémonies de France, et le baron de Saint-Félix, aide des cérémonies, étaient partis quelques heures avant le Roi, pour faire connaître aux diverses autorités les intentions de Sa Majesté (1).

M. le baron de Glandevès, major des gardes-du-corps, était également parti pour organiser le service intérieur de la garde du Roi dans les villes où Sa Majesté devait s'arrêter ou coucher.

M. le marquis de Puymaigre, préfet du département de l'Oise, s'est trouvé à la limite de ce département et de celui de Seine-et-Marne.

M. le comte de Floirac, préfet du département de l'Aisne, accompagné d'un détachement de la garde nationale et d'un détachement de la gendarmerie, est venu recevoir Sa Majesté à la limite du département de l'Aisne, au bas de la montagne, en avant de Villers-Cotterets, où un arc de triomphe avait été élevé.

(1) Une indisposition grave n'a pas permis au marquis de Dreux-Brézé, grand-maître des cérémonies, de remplir dans cette circonstance les fonctions de sa charge.

M. le comte de Seran, maréchal-de-camp commandant le département de l'Aisne, s'y était aussi rendu.

M. le comte de Floirac a eu l'honneur de complimenter le Roi.

Des arcs de triomphe étaient dressés à l'entrée des communes de Dammartin, de Nanteuil et de Villers-Cotterets.

Les agens forestiers de S. A. R. Mgr le Duc d'Orléans avaient élevé au milieu de la forêt un arc de triomphe orné d'écussons et de drapeaux fleurdelisés.

M. de Senneville, sous-préfet de Soissons, se trouvait à la limite de son arrondissement.

Les maires des communes dont le territoire est situé sur le passage de Sa Majesté, attendaient le Roi à la limite de leurs municipalités respectives; ils étaient accompagnés de leurs adjoints, du conseil municipal et d'un détachement de la garde nationale.

A l'entrée du Roi dans chaque commune, toutes les cloches sonnaient.

MM. les curés en habits sacerdotaux, accompagnés de leur clergé, se tenaient sur les marches des églises devant lesquelles passait Sa Majesté.

M. le vicomte de Liniers, lieutenant de Roi commandant la place de Soissons, était à la première barrière avec son état-major ; il a eu l'honneur de présenter au Roi les clefs de la place : Sa Majesté les a prises et les a remises à son capitaine des gardes.

M. de Lanoue, maire de Soissons, accompagné de ses adjoints et d'un détachement de la garde nationale, s'était porté à quelque distance de la ville, à l'endroit où s'élevait un arc de triomphe.

M. le maire a présenté au Roi les clefs de la ville. Sa Majesté les a remises également à son capitaine des gardes (1).

A l'entrée de Sa Majesté dans Soissons, il a été tiré une salve de vingt-deux coups de canon.

Sa Majesté est descendue à l'hôtel de la mairie ; elle y a trouvé les diverses autorités, qui ont eu l'honneur de lui présenter leurs hommages.

Le Roi a ensuite visité dans le plus grand détail les fortifications. Sa Majesté a paru très-satisfaite des travaux, qui se poursuivent avec activité et qui feront de Soissons une place importante.

Partout, depuis Paris jusqu'ici, les populations se sont pressées sur le passage de Sa Majesté, et

(1) Lorsque Sa Majesté s'arrête dans une place ou dans une ville, son capitaine des gardes conserve les clefs jusqu'au départ du Roi.

Lorsque Sa Majesté ne fait que passer, le capitaine des gardes rend de suite les clefs au commandant de la place ou au maire de la ville.

lui ont porté l'expression vive et animée de leur respect et de leur amour. Les paroles bienveillantes que le Roi adresse sans distinction à tout ce qui l'approche sont répétées de bouche en bouche, circulent dans toutes les classes, et charment tous les entretiens

---

N° 2.

M. de Sars de la Suze, maire de Laon, suivi de ses adjoints et des membres du corps municipal, s'est rendu, le 3, au bas de la montagne, à Semilly, où avait été élevé un arc de triomphe.

Vers cinq heures, une salve d'artillerie a annoncé l'arrivée de Sa Majesté.

M. le maire a présenté au Roi les clefs de la ville, et a eu l'honneur de complimenter Sa Majesté en ces termes :

« SIRE,

» Nous apportons à Votre Majesté les clefs de la ville de Laon, ville qui n'est pas sans quelques souvenirs. Nous venons encore, interprètes de ses fidèles habitans, offrir à un Roi bien-aimé le tribut de nos respects, l'hommage de nos vœux et d'un sincère amour. Daignez, Sire, agréer ces vœux simples, mais vrais, et ce jour sera pour nous tous un jour d'allégresse et de bonheur. »

Le Roi a répondu :

« Je connaissais depuis long-temps les sentimens
» qui animent la ville de Laon. J'étais bien aise de
» venir exprimer moi-même à ses habitans combien
» je desire coopérer à leur bonheur. »

Le Roi a permis à la garde nationale qui accompagnait le corps municipal, de précéder sa voiture et de former le cortége jusqu'à l'hôtel de la préfecture.

Les habitans de Laon et des communes voisines s'étaient portés en foule sur les hauteurs de la montagne, au passage de Sa Majesté. Des cris de *vive le Roi, vive Charles X*, éclataient de toutes parts. C'était un beau spectacle à voir que cette population entière qui couronnait la montagne, et qui exprimait ainsi les sentimens d'amour et de fidélité dont elle était pénétrée.

Sa Majesté en a paru vivement touchée.

Le Roi est descendu à l'hôtel de la préfecture.

Après s'y être reposé quelques instans, il a reçu l'hommage des diverses autorités ecclésiastiques, judiciaires, administratives et militaires.

M. Louis, président du tribunal civil de Laon,

a eu l'honneur d'adresser au Roi le discours suivant :

« SIRE,

» Votre Majesté a voulu visiter son peuple, et ce peuple, ivre de reconnaissance, s'est précipité sur les pas de son Prince pour le saluer de mille cris d'allégresse et d'amour.

» Au milieu de ces transports de la joie publique, le tribunal de première instance de Laon est heureux de faire entendre sa voix à Votre Majesté, et de lui exprimer enfin, sans intermédiaire, tous les sentimens de respect et de dévouement dont il est pénétré pour votre auguste personne.

» Votre présence parmi nous, Sire, laissera dans nos cœurs de profonds souvenirs : elle est une nouvelle preuve de votre sollicitude pour vos peuples; elle sera pour Votre Majesté une nouvelle garantie de notre respectueuse reconnaissance et de notre inviolable fidélité. »

SA MAJESTÉ a répondu :

« Je reçois avec grand plaisir l'expression de vos
» sentimens. J'aime à y compter. La meilleure
» manière de me prouver votre attachement est de

» rendre bonne justice à tous mes sujets. C'est » mon premier devoir ; je l'ai remis entre vos » mains. Je suis sûr que vous n'y manquerez ja- » mais. C'est par-là que vous mériterez mon estime » et ma confiance. »

Pendant le dîner du Roi, le public a été admis à passer devant la table de Sa Majesté.

Le Roi s'est rendu à pied à la salle de bal, qui avait été disposée à la mairie. Les dames qui devaient être présentées à Sa Majesté se trouvaient dans un salon séparé.

Le lendemain, à sept heures, le Roi a entendu la messe à la cathédrale.

Sa Majesté est partie immédiatement après la messe.

N° 3.

Le Roi est parti de Laon le 4, à huit heures du matin.

Le corps municipal, qui attendait Sa Majesté à l'arc de triomphe dressé à la sortie de la ville, a eu l'honneur de lui offrir de nouveau ses respectueux hommages.

Le Roi, à son passage à la Fère, s'est arrêté pour visiter le polygone et la direction d'artillerie.

M. le sous-préfet de Saint-Quentin s'est trouvé à la limite de son arrondissement, avec la garde nationale à cheval, pour recevoir Sa Majesté.

A une heure, Sa Majesté est arrivée à Saint-Quentin : pendant qu'elle recevait l'hommage du corps municipal, les chevaux ont été dételés, et sa voiture a été traînée à bras jusqu'à l'hôtel de la sous-préfecture, où le Roi est descendu.

Pendant ce trajet, Sa Majesté a été constamment accueillie par les plus vives acclamations.

De la sous-préfecture, le Roi s'est rendu à pied à la blanchisserie de M. Pluchard, à la filature de M. Joly et à la manufacture d'apprêt de M. Tauzin. Après avoir visité en détail ces établissemens, Sa Majesté est allée à l'église, où elle a posé la première pierre du maître-autel.

Cette cérémonie achevée, le Roi est retourné à la sous-préfecture, d'où il est parti à cinq heures pour Cambrai.

Sa Majesté est arrivée à six heures un quart à la limite des départemens de l'Aisne et du Nord, où se trouvaient M. le comte de Murat, préfet du Nord; M. le baron Rotembourg, lieutenant général, commandant la division; M. le baron Gougeon, maréchal-de-camp commandant la subdivision; M. Wildermeth, secrétaire général de la préfecture, et M. Cardon de Garsignies, sous-préfet de Cambrai.

Trente-quatre écussons portant les noms des trente-quatre villes du département du Nord étaient placés des deux côtés de la route jusqu'à l'arc de triomphe.

M. le comte de Murat a adressé au Roi le discours suivant :

« SIRE,

» La Flandre est un des plus beaux présens que les Bourbons aient faits à la monarchie. En daignant la visiter, le Roi comble les vœux d'une province reconnaissante et fière d'être devenue française. Sa prospérité est chère à Votre Majesté, elle jettera donc un regard de bienveillance sur son agriculture et sur son industrie. Son dévouement et sa fidélité, qui ne se sont jamais démentis, lui valent sans doute la haute faveur qu'elle reçoit aujourd'hui. Sire, votre département du Nord est profondément ému à l'aspect de son Roi. En parcourant ces belles contrées, Votre Majesté jouira du bonheur que partout y inspire son auguste présence ; et si nous sommes impuissans pour exprimer tous les sentimens d'amour et de respect qui se pressent dans nos cœurs, ils s'exhaleront du moins par le cri français : *Vive le Roi!* »

M. le sous-préfet de Cambrai s'est ensuite exprimé en ces termes :

« Sire,

» L'arrondissement de Cambrai n'a point dégénéré depuis qu'il eut le bonheur d'obtenir de Votre Majesté et de son auguste prédécesseur d'honorables témoignages de satisfaction. Ce qu'il était alors pour les Bourbons, il l'est de plus en plus; il le sera toujours, comme toute la France : il sait apprécier les hautes conceptions de Votre Majesté pour le bonheur et la prospérité de son peuple, sa constante résolution pour tout ce qui est beau, grand et utile, son inépuisable bienfaisance pour les malheureux.

» Sire, l'arrondissement de Cambrai fut par circonstance assez heureux pour revoir et accueillir le premier son souverain légitime. Par sentiment, il se placera toujours au premier rang pour porter à Votre Majesté, avec une effusion toute filiale, amour, vénération, confiance entière. *Vive le Roi!* »

Le Roi a répondu :

« C'est avec un très-grand plaisir que j'entre dans
» ce beau département; je sais combien il est im-
» portant par ses richesses agricoles et industrielles :
» c'est un devoir pour moi d'en juger par moi-
» même. J'examinerai tout. Je connais son bon
» esprit. Il ne suffit pas que ma présence dans ce

» département produise des impressions passagères;
» je veux qu'elle y laisse des traces durables. »

A sept heures et demie, Sa Majesté est arrivée à l'arc de triomphe élevé à la limite de la banlieue. M. Béthune-Houriez, maire de Cambrai, accompagné de ses adjoints et du corps municipal, a présenté au Roi les clefs de la ville.

Ces clefs, touchées en 1540 par l'empereur Charles-Quint, ont été présentées en 1677 à Louis XIV.

M. le maire a porté au Roi la parole en ces termes :

« SIRE,

» Le corps municipal de votre bonne ville de Cambrai vient présenter respectueusement à Votre Majesté les clefs de cette cité fidèle; ces mêmes clefs que nos pères, après de longues vicissitudes, se félicitèrent de déposer dans les mains victorieuses de Louis le Grand, votre immortel aïeul.

» Placés sur la limite de l'ancienne et de la nouvelle France, les habitans de Cambrai ont dès-lors aimé l'illustre dynastie des Bourbons avec toute l'ardeur et la vivacité française, avec la constance et la loyauté du caractère flamand.

» Toujours heureux sous leur sceptre paternel,

nous avons conservé religieusement la tradition de ce culte pour la personne sacrée de nos Rois.

» La ville de Cambrai, Sire, fut dignement récompensée des sentimens qui l'animèrent sans cesse, lorsqu'après une époque désastreuse elle put la première recevoir dans ses murs le père commun des Français et le Prince auguste qui devait continuer son règne avec tant de gloire et de bonheur.

» La présence de Votre Majesté vient aujourd'hui combler tous nos vœux : nous la supplions humblement d'agréer avec l'hommage de notre respectueuse reconnaissance le tribut de notre amour, de notre dévouement et de notre inviolable fidélité. »

Sa Majesté a répondu :

« Je reçois avec grand plaisir l'expression des sen-
» timens de la ville de Cambrai; elle m'a mis en
» droit d'y compter : c'est avec une douce satisfac-
» tion que j'entre dans ses murs. »

Le Roi était escorté par la garde nationale à cheval et le détachement des dragons de la garde royale en garnison à Cambrai.

Depuis l'arc de triomphe jusqu'à l'entrée de la ville, étaient échelonnées les députations de toutes les communes de l'arrondissement, avec leurs compagnies d'archers et d'arbalétriers.

A la première barrière, M. le baron Charlus,

lieutenant de Roi, a présenté les clefs de la place.

Une salve d'artillerie a annoncé l'entrée de Sa Majesté.

Le Roi est descendu au palais épiscopal.

Après son dîner, le Roi est passé dans la salle de réception, où vingt jeunes demoiselles ont offert une corbeille de fleurs à Sa Majesté.

Les dames qui se trouvaient aussi réunies dans ce salon, ont été présentées au Roi par le premier gentilhomme de la chambre.

Sa Majesté a reçu ensuite les hommages du clergé, qui avait à sa tête Mgr l'évêque de Cambrai;

Du sous-préfet;

Du tribunal civil et des juges de paix;

Du tribunal de commerce;

Du corps municipal;

Du directeur des contributions indirectes;

Du receveur de l'arrondissement;

De l'administration des secours publics;

De l'inspecteur des domaines;

Et de la société d'émulation.

M. de Belmas, évêque de Cambrai, a adressé au Roi le discours suivant :

« Sire,

» En présentant aujourd'hui à Votre Majesté le clergé dont j'ai l'honneur d'être le chef, je m'enorgueillirais presque du succès que son dévouement obtient dans tout mon diocèse, si nous en avions seuls le mérite. Mais lorsque, dans l'exercice de nos fonctions, nous prêchons aux peuples qui nous sont confiés, l'accomplissement de leurs devoirs envers le souverain, partout devancés par la sage fermeté d'une administration qui commande la soumission et le respect, par cette tendre sollicitude qui inspire la reconnaissance, par cette touchante bonté qui sollicite l'amour, nous trouvons tous les cœurs pleins de ces mêmes sentimens qui s'épanchent des nôtres. Heureux encore qu'il nous soit permis, en ce jour, d'en déposer l'expression aux pieds du trône, nous supplions Votre Majesté de daigner en agréer l'hommage. »

Le Roi a répondu :

« Je reçois avec plaisir l'expression de votre hom-
» mage et de celui du clergé. C'est en instruisant les
» peuples dans les principes de la religion qu'on les
» attache à la monarchie et au trône. Je me recom-
» mande à vos prières. »

Discours prononcé par M. Lallier, président du Tribunal de commerce.

« SIRE,

» Les membres du tribunal de commerce de votre bonne ville de Cambrai viennent déposer aux pieds de Votre Majesté l'hommage de leur amour et de leur profond respect.

» Sire, dans ces contrées aussi industrielles que dévouées, votre auguste présence, qui vivifie tout, donnera un nouvel essor au commerce; et cette industrie qui dans ce moment étale ses produits dans le Louvre même, trouvant la plus douce récompense de ses travaux dans les encouragemens que se plaît à lui donner un Monarque éclairé, redoublera d'efforts pour continuer à mériter sa royale protection.

» Pour nous, Sire, heureux d'être admis à contempler les traits chéris d'un Prince digne héritier des vertus du bon Henri, le souvenir de ce beau jour restera éternellement gravé dans nos cœurs. »

LE ROI a répondu :

« Je reçois avec grand plaisir l'expression de vos
» sentimens. Continuez par vos soins à faire fleurir

» de plus en plus le commerce, et vous acquerrez de
» nouveaux droits à ma bienveillance. »

Discours prononcé par le Président du Tribunal civil.

« Sire,

» Le tribunal civil de l'arrondissement et les juges de paix des deux cantons de Cambrai viennent déposer aux pieds de Votre Majesté l'hommage de leur amour et de leur profond respect.

» Organes des lois, Sire, nous aimons à nous rappeler que nous rendons la justice au nom d'un fils de S. Louis. Nous savons que Votre Majesté la regarde comme un bienfait pour ses peuples, comme un appui de sa puissance.

» Les yeux sans cesse tournés vers le trône, nous y trouvons un modèle accompli de sagesse, de fermeté, et c'est dans la noble vie de notre Roi que nous étudions nos devoirs.

» Heureux si, inspirés par les vertus que la France admire, nous accomplissons, Sire, les vœux de votre cœur paternel, et justifions ainsi la confiance dont Votre Majesté a daigné nous honorer. »

Le Roi a répondu :

« Je suis sensible aux sentimens que vous m'ex-
» primez. Redoublez de zèle, rendez la justice avec

» impartialité à mes sujets; c'est le meilleur moyen » de mériter mon estime et de justifier ma con- » fiance. »

Discours du Président du Corps municipal.

« SIRE,

» Toute notre population se pressant sur le passage de Votre Majesté, avide d'admirer dans ses traits augustes cette bonté inexprimable, cette affectueuse bienveillance, cette grâce chevaleresque qui attire, émeut et captive tous les cœurs, le concert d'acclamations, l'enthousiasme général, tout a dû vous prouver, Sire, bien mieux que mes faibles expressions, l'amour et le dévouement des habitans de Cambrai pour votre personne sacrée.

» Animé des mêmes sentimens, le corps municipal en dépose, aux pieds du trône de Votre Majesté, l'humble et respectueux hommage. »

LE ROI a répondu :

« Je me souviens avec plaisir qu'il y a bien long- » temps que, fort jeune, j'ai été accueilli avec les » mêmes sentimens que je retrouve aujourd'hui. » C'est une grande satisfaction pour moi : vous » pouvez compter sur ma bienveillance en toute » occasion. »

Discours du Président de la Commission administrative des secours publics.

« SIRE,

» La commission administrative des secours publics de Cambrai, admise à la faveur signalée d'approcher de Votre Majesté, éprouve la douce influence de cette seconde providence des Français, qui de ce trône auguste va porter sur tous les points du royaume, aux malheureux, des secours et des consolations; aux administrateurs des établissemens charitables, des leçons et des encouragemens.

» Puissent les infortunés compter long-temps encore par des bienfaits tous les momens de la vie de Votre Majesté!

» Daignez, Sire, nous permettre d'être les interprètes de la reconnaissance de ceux de nos concitoyens qui jouissent de vos bienfaits.

» Daigne aussi Votre Majesté recevoir avec bonté l'hommage respectueux de notre amour et de notre inaltérable dévouement. »

LE ROI a répondu:

« C'est avec grand plaisir que je reçois l'expression de vos sentimens; rien ne peut plus inté-

» resser mon cœur que les travaux utiles à l'huma-
» nité. »

Discours du Président de la Société d'émulation.

« SIRE,

» La Société d'émulation de Cambrai vient déposer aux pieds de Votre Majesté l'hommage de son profond respect et de son inviolable fidélité.

» Instituée pour éclairer et encourager l'économie rurale, pour cultiver les sciences dans l'intérêt du pays, et sur-tout pour inspirer, au moyen des bonnes lettres, l'amour des bonnes doctrines, la société a reçu des dépositaires de votre royale confiance plusieurs témoignages formels d'approbation. Nos vœux, Sire, sont comblés aujourd'hui, puisqu'en nous admettant à contempler de près sa personne sacrée, Votre Majesté accorde à nos travaux la plus glorieuse des récompenses. »

LE ROI a répondu :

« Je reçois avec grand plaisir l'expression de vos
» sentimens. Continuez avec le même zèle et dans
» le même esprit; vous ne pouvez que satisfaire le
» vœu de mon cœur, et mériter de plus en plus ma
» reconnaissance. »

Le Roi a dit au commandant de la garde nationale à cheval, qui avait été admis à lui présenter son hommage :

« Vous étiez bien nombreux; je l'ai vu avec » plaisir. »

A onze heures du soir, après les réceptions, Sa Majesté est allée à pied à l'hôtel-de-ville, et a traversé la grande place, où était rassemblée une foule innombrable.

Pendant que le Roi était au balcon de l'hôtel-de-ville, les acclamations de toute la population n'ont cessé de se faire entendre.

Sa Majesté ayant donné le signal, un beau feu d'artifice a été tiré.

Lorsque le temple sur le fronton duquel était inscrit, *Vive Charles X!* a paru illuminé, les acclamations ont été d'une vivacité inexprimable.

Il était près de minuit quand Sa Majesté est rentrée dans ses appartemens.

N° 4.

Le Roi s'est rendu le 5, à neuf heures du matin, Valencie
à l'église cathédrale de Cambrai pour y entendre la messe.

Sa Majesté a été reçue à l'entrée de l'église par

M. de Belmas, évêque de Cambrai, qui a adressé un discours au Roi, auquel Sa Majesté a répondu :

« J'ai toujours demandé à Dieu de nous accorder » ses grâces, dont les Rois ont tant besoin pour le » bonheur des peuples, et les peuples pour être » heureux eux-mêmes. »

Après la messe, le Roi est allé visiter la citadelle de Cambrai. Sur le passage de Sa Majesté s'est déployée la marche triomphale de la fête communale qui se célèbre le 15 août.

Cette marche représente l'ancienne chevalerie de France. Les chevaliers, en costume des anciens temps, précèdent des chars sur lesquels sont placées de jeunes filles couronnées de fleurs.

M. le maire a eu l'honneur d'offrir à Sa Majesté les médailles qui ont été frappées pour perpétuer le souvenir de ce jour mémorable pour la ville de Cambrai.

Le Roi est parti de Cambrai à onze heures et demie, et a trouvé à sa sortie le corps municipal, qui lui a rendu ses hommages.

Sa Majesté s'est arrêtée une heure à Bouchain pour visiter les fortifications, qu'elle a trouvées dans le meilleur état ; elle a continué ensuite sa route pour Valenciennes.

Arrivée à la pyramide de Denain, qui a été élevée pour perpétuer la victoire remportée par le maréchal de Villars, et qui se trouve placée à la limite de l'arrondissement de Valenciennes, M. de Godefroy, sous-préfet, a eu l'honneur de recevoir Sa Majesté et de lui adresser le discours suivant :

« SIRE,

» Au moment où Votre Majesté entre dans l'arrondissement de Valenciennes, je ne lui demanderai la permission de suspendre sa marche que pour lui témoigner qu'elle trouvera ici, comme dans le reste du département du Nord, des sujets fidèles, dévoués, heureux de la présence de leur Roi. Ces sentimens sont héréditaires en nous; ils ont survécu à de cruelles épreuves. Nous sommes fiers de le dire : depuis un siècle et demi que ce pays a le bonheur de vivre sous les lois de votre auguste famille, son attachement pour elle ne s'est point démenti; car du jour où les Bourbons y ont étendu leur sceptre paternel, ils ont su l'y faire aimer. Aussi nos cœurs reconnaissans vont-ils battre avec une nouvelle émotion, lorsque tout-à-l'heure nous montrerons à Votre Majesté les champs glorieux de Denain. Là, nous retrouvons les souvenirs bien chers d'une victoire mémorable, qui, en arrêtant jadis les revers de la France, nous assura pour jamais de notre réunion à la couronne des lis, couronne si dignement portée aujourd'hui par Charles le Bien-aimé. »

Le Roi a répondu :

« Les excellentes dispositions du département » du Nord et son dévouement me sont connus ; je » viens encore d'en recevoir des preuves. Il m'en » avait déjà donné assez dans des circonstances dif- » ficiles, pour que je puisse y compter toujours. »

La garde nationale à cheval est venue au-devant de Sa Majesté jusqu'au village de Rouvignies, à deux lieues de Valenciennes.

A l'arc de triomphe élevé à l'entrée de Valenciennes, un spectacle nouveau s'est offert aux regards de Sa Majesté. Des deux côtés de la route, deux mille mineurs des houillères à charbon d'Anzin étaient rangés par brigades, ayant à leur tête leurs porrions (c'est le nom que l'on donne aux piqueurs qui dirigent les travaux des mines); ils portaient les piques, les pioches, les chaînes, dont ils se servent pour extraire le charbon des mines. La lampe qu'ils portent sur leur tête pour éclairer leurs travaux, était couronnée de fleurs.

Venaient ensuite les chevaliers de l'arc et les arbalétriers des diverses communes de l'arrondissement.

M. Desfontaines de Preux, maire de Valenciennes,

accompagné de ses adjoints et du corps municipal, a présenté au Roi les clefs de la ville, et lui a adressé la parole en ces termes :

« SIRE,

» La ville de Valenciennes, qui se glorifie d'avoir possédé Votre Majesté trois fois dans ses murs, n'en est que plus avide du bonheur de contempler aujourd'hui les traits de son auguste et bien-aimé monarque.

» Oui, Sire, cette insigne faveur excite en nous tous les sentimens qu'un sujet doit à son Roi, et toutes les affections qu'un père inspire à ses enfans, le respect le plus profond, la fidélité la plus inébranlable, l'amour le plus vif et le dévouement le plus étendu.

» Le souvenir de ce beau jour, inscrit dans nos fastes et gravé dans nos cœurs, nous rappellera sans cesse qu'*entre les Bourbons et nous c'est à la vie et à la mort;* et s'il en était besoin, il nous trouverait dignes de nous-mêmes, prêts à tout sacrifier pour la défense de l'un des boulevarts les plus importans de votre royaume, et dont nous avons l'honneur, Sire, de présenter les clefs à Votre Majesté. »

Le Roi, en recevant les clefs, a répondu :

« Je les reçois avec plaisir, et je vous les remettrai » demain avec une entière confiance. Je suis en-» chanté que les habitans de Valenciennes n'aient » pas oublié que je suis venu dans leurs murs, et » qu'ils en aient conservé un souvenir agréable. » C'est aussi un souvenir cher à mon cœur. Je ne » desire rien tant que de contribuer à leur bonheur » comme à celui de tous mes sujets. Ma plus grande » joie est d'apprendre que mon peuple est heu-» reux. »

M. le maire s'étant alors écrié : « Ah! Sire, il l'est! Comment ne pourrait-il pas l'être sous le règne de Votre Majesté! » — « Eh bien! » reprit le Roi avec émotion et un accent de bonté, « je suis donc heu-» reux! »

Sa Majesté a fait son entrée dans Valenciennes vers trois heures, après avoir, à la première barrière, reçu de M. le marquis Odard de Rilly, lieutenant de Roi, les clefs de la place.

Le Roi est descendu chez Mme la baronne de Maingoval, où de jeunes demoiselles attendaient Sa Majesté pour lui offrir une corbeille de fleurs.

Les réceptions de diverses autorités ont eu lieu un instant après dans l'ordre suivant :

M. le sous-préfet de Valenciennes.

M. Perdry, président du tribunal civil, s'est exprimé en ces termes :

« Sire,

» Le tribunal de première instance de Valenciennes est heureux de pouvoir déposer aux pieds de Votre Majesté l'hommage de son amour et de son profond respect.

» Cette faveur inespérée, Sire, le ravit d'allégresse.

» Il savait servir son Roi, sans avoir eu le bonheur de contempler dans ses augustes traits la touchante expression de ces vertus qui le rendent si cher à la France.

» Maintenant, Sire, lorsqu'assis sur son siége il rendra la justice, il se souviendra mieux encore qu'il la rend au nom d'un Roi vénéré dont la noble image, toujours présente à sa pensée, lui semblera présider à ses travaux et sourire à ses efforts : ce sera pour lui, Sire, le plus puissant encouragement et la plus précieuse récompense de son entier dévouement à Votre Majesté. »

Le Roi a répondu :

« Je r[illegible]ois avec plaisir l'expression des senti-
» mens du tribunal de Valenciennes. Messieurs, la

» meilleure manière de mériter ma bienveillance et ma confiance est de remplir ses devoirs strictement, avec cette impartialité qui doit caractériser des juges. Il faut bien se souvenir que, la justice émanant du trône, la magistrature, qui en est l'interprète, est en même temps son appui quand les circonstances peuvent l'exiger. »

M. Terwagne, président du tribunal de commerce, a prononcé le discours suivant :

« SIRE,

» Le tribunal de commerce, dont j'ai l'honneur d'être l'organe et le président, vient déposer aux pieds de Votre Majesté l'expression de son respect et de son amour.

» Oui, Sire, c'est surtout l'amour de vos sujets qui peut satisfaire le cœur de Votre Majesté, toujours disposée à s'en montrer le père plutôt encore que le Roi.

» Sire, Louis le Desiré, votre auguste frère, a donné à ses peuples des institutions qui doivent assurer leur bonheur : en héritant de sa couronne, Votre Majesté, comme lui, veut en relever l'éclat par ses nobles vertus ; en maintenant le bien déjà fait, elle veut rechercher le bien qu'elle pourrait faire encore.

» Les consuls nommés par Votre Majesté dans les nouveaux États de l'Amérique du sud, le traité déjà signé avec le gouvernement du Mexique sous la forme de déclaration, disent assez ce que le commerce a obtenu et ce qu'il doit attendre encore de la sollicitude de Votre Majesté.

» Sire, votre présence porte le bonheur partout: aussi notre commerce tout français va-t-il en recevoir une nouvelle vie et prendre un nouvel essor. Ce jour pour nous, Sire, est le plus beau jour de notre vie. Pourquoi doit-il être si court!...... Mais si nous ne pouvons contempler qu'un instant les traits chéris de Votre Majesté, ils resteront gravés dans nos cœurs..... toujours! »

Le Roi a répondu :

« Continuez à remplir vos devoirs avec le même
» zèle. Je porte le plus grand intérêt au commerce.
» J'espère qu'il fleurira sous mon règne. Je m'at-
» tache à continuer ce que mon frère a commencé. »

M. le maire, au nom du corps municipal :

« Sire,

» C'est avec le sentiment du plus profond respect que nous déposons aux pieds de Votre Majesté le tribut de notre dévouement et de notre amour. Enhardis par cette bonté gracieuse qui est empreinte sur tous les traits de votre auguste personne, nous osons y joindre la demande d'une faveur à laquelle tous nos concitoyens attacheraient le plus grand prix : c'est que Votre Majesté perpétue en quelque sorte sa présence au milieu de nous en daignant faire à la ville le don de son portrait. Nous vous supplions en outre, Sire, d'agréer ces médailles, que nous destinons à rappeler aux siècles les plus reculés la mémoire de ce beau jour, dont nous conserverons toute la vie le précieux souvenir. »

Le Roi a répondu :

« Je suis charmé de l'idée que vous avez eue, » Messieurs ; c'est avec un grand plaisir que je vous » offrirai mon portrait et que je vous laisserai des » traces qui conserveront les souvenirs de mes sen- » timens pour la ville de Valenciennes. Je sais com- » bien elle a montré de zèle pour mon service, et » je ne l'oublierai jamais. »

M. Merlin de Beaugrenier, député de l'arrondissement de Valenciennes, ayant eu l'honneur de présenter son hommage à Sa Majesté, le Roi lui a dit : « Vous êtes un des douze. Je n'ai pas oublié le zèle » qu'ils ont montré dans toute leur carrière. »

Ont eu ensuite l'honneur de présenter leurs hommages au Roi, M. le lieutenant de Roi et l'état-major de la place, le corps des officiers de la garde nationale à pied, le corps des officiers de la garde nationale à cheval, MM. les curés et desservans, MM. les juges de paix des trois cantons de Valenciennes, M. l'ingénieur des ponts et chaussées, MM. l'inspecteur divisionnaire, l'ingénieur en chef et l'ingénieur des mines, MM. les directeurs et inspecteurs des douanes, M. le directeur des contributions indirectes, M. le receveur particulier des finances.

La chambre consultative de commerce, présentée ensuite, a adressé au Roi ces paroles :

« SIRE,

» Aux sentimens de respect, d'amour et de dévouement qu'elle partage avec tous les habitans de cette ville, la chambre consultative joint l'expression de la plus profonde gratitude pour la protection dont Votre Majesté daigne honorer le commerce. »

Le Roi a répondu que le commerce pouvait toujours compter sur sa protection, et s'est informé du commerce de dentelles de Valenciennes.

M. le maire, au nom de la commission des hospices et de la commission des prisons :

« SIRE,

» La plus belle récompense que la commission

administrative des établissemens de bienfaisance puisse recevoir de ses soins journaliers et assidus, est sans contredit l'honneur de paraître aujourd'hui devant Votre Majesté, et d'être admise à lui présenter ses hommages les plus respectueux. »

La Commission des prisons.

« SIRE,

» La commission charitable des prisons croit ne pouvoir faire un meilleur usage de la faveur spéciale qui lui est accordée, qu'en procurant à Votre Majesté l'occasion de faire quelques heureux. Elle se plaît à vous rappeler, Sire, que, lors de votre séjour en cette ville, le 26 juin 1775, vous avez daigné faire remise de l'amende à cinq contrebandiers, et ordonner leur élargissement; elle ose intercéder aujourd'hui en faveur de huit malheureux condamnés pour fraude, qui ont subi la peine prononcée par la loi, mais qui restent détenus parce qu'ils sont hors d'état de payer l'amende et les frais. Elle place avec confiance, Sire, dans la bonté paternelle et inépuisable de Votre Majesté, l'excuse et le succès de sa démarche. »

Le Roi a dit qu'il ne refuserait pas cette grâce, et a recommandé à M. le ministre de l'intérieur de s'entendre à cet égard avec M. le garde des sceaux.

M. le vicomte de Bordonnange, sous-préfet de l'arrondissement d'Avesnes, ayant été admis ensuite à présenter son hommage au Roi, s'est exprimé en ces termes :

« SIRE,

» Bourbons et bonté furent toujours des synonymes chers aux cœurs français; et vos fidèles sujets les maires de l'arrondissement d'Avesnes, au nom de leurs administrés, seuls privés dans le département du Nord du bonheur de contempler Votre Majesté, osent, par mon organe, exprimer ici l'espoir qu'elle daignera accueillir avec une bienveillance paternelle l'hommage des sentimens de respect, d'amour et d'inaltérable dévouement, qui animent la population entière de cette intéressante contrée.

» Chaque instant révèle à la France les nouveaux bienfaits de son Roi : puisse, Sire, la divine Providence exaucer les vœux que nous lui adressons en ce jour fortuné, et Votre Majesté jouira longues années du spectacle touchant des heureux qu'elle fait. »

LE ROI a répondu :

« Je regrette de n'avoir pu visiter l'arrondisse-
» ment d'Avesnes ; soyez auprès de vos admi-

» nistrés l'interprète de mes sentimens et de mes
» regrets. »

M. le maire, ses adjoints, MM. les curé et juge de paix de la ville de Condé ayant offert leurs hommages à Sa Majesté,

Le Roi a répondu :

« Je les accepte avec grand plaisir. Exprimez aux
» habitans de votre ville mon regret de n'avoir pu
» diriger mon voyage de ce côté. »

M. le maire a dit :

« Sire,

» Nos cœurs ont volé au-devant de vos vœux. »

Le Roi a reçu ensuite individuellement MM. Casimir Périer, le comte Hocquart, Taffin d'Heursel, Renard, régisseur des mines d'Anzin.

Sa Majesté a dit à M. Casimir Périer qu'elle le verrait demain à Anzin.

Immédiatement après la réception, le Roi a été visiter les nouveaux travaux des fortifications qui s'élèvent du côté de la porte de Mons. De là Sa Majesté s'est rendue à l'hospice des vieillards et des orphelins, dit *l'hôpital général*. Au moment où le Roi est entré dans la cour de ce bel édifice, de vives acclamations ont accueilli Sa Majesté. Le chef de l'établissement a dit au Roi :

« Sire,

» La présence de Votre Majesté dans cet asile de l'indigence remplit tous les cœurs de reconnaissance et de joie. Ces braves gens n'ont d'autre éloquence pour exprimer leur bonheur, que les plus bruyantes acclamations; ils se flattent qu'elles n'auront rien d'importun pour le père de tous les pauvres, pour le petit-fils d'Henri IV. »

Le Roi a répondu:

« Je reçois avec grand plaisir l'expression de vos
» sentimens; c'est le premier devoir des Rois de
» soulager l'indigence. »

Mlle Gourdin, fille du directeur de l'établissement, a adressé au Roi des vers de sa composition, que Sa Majesté a daigné accueillir avec bienveillance.

Le Roi, après avoir fait sa prière dans la chapelle, a parcouru les salles de ce vaste édifice.

Ensuite Sa Majesté a été visiter l'arsenal et s'est rendue à la citadelle, toujours à pied, en traversant la ville au milieu du peuple qui se pressait sur ses pas, et parmi des acclamations continuelles.

Pendant le dîner, on a été admis à circuler devant la table de Sa Majesté.

A neuf heures, le Roi est allé à pied à la salle de bal. Après l'avoir parcourue en adressant la parole aux dames, Sa Majesté est venue s'asseoir sur le fauteuil qui lui avait été préparé, et y est restée près d'une heure.

Le Roi est parti de Valenciennes le lendemain, à sept heures et demie du matin, pour Douai, en passant par Saint-Amand et Orchies. Sa Majesté doit s'arrêter à l'établissement des mines à charbon d'Anzin et à la fonderie de Raismes.

N° 5.

Le Roi, après avoir entendu la messe dans ses appartemens, estparti le 6, à sept heures et demie, de Valenciennes.

Sa Majesté a reçu, à la sortie de la ville, les hommages du corps municipal, et a été escortée par la garde nationale à cheval jusqu'aux chantiers des mines d'Anzin. Des deux côtés de la route étaient rangés les mineurs en habit de travail, qui ont accueilli Sa Majesté par les plus vives acclamations.

Le Roi a été reçu par les principaux actionnaires, parmi lesquels étaient M. Casimir Périer, qui a eu l'honneur d'accompagner Sa Majesté et de lui donner des explications sur le sort des mineurs, sur leur organisation en *coupes* ou compagnies, et il a fait remarquer au Roi que dans les chantiers des mines on fabrique tout ce qui est nécessaire pour l'extraction du charbon, depuis les clous jusqu'aux plus fortes machines. Sa Majesté a parcouru successivement les ateliers de forges, la scierie et la fonderie. Des plaques de fonte ont été coulées en sa présence; une d'elles portait en caractères d'or ces mots : *Le 6 septembre, Charles X visite les chantiers des mines d'Anzin.*

Sa Majesté a paru très-satisfaite, et a laissé aux ouvriers des marques de sa munificence.

Le Roi s'est aussi arrêté à la fonderie de Raismes, et a visité ce bel établissement, formé depuis dix ans, et dirigé par M. Dumont, ancien officier, chevalier de la Légion d'honneur. Sa Majesté a assisté aux opérations du laminage, et a témoigné sa satisfaction sur la promptitude et la perfection du travail. Elle a vu fondre une pièce de moulerie figurant les armes de France. Elle a laissé également aux ouvriers de l'établissement des marques de sa munificence.

Le Roi a continué sa route : à l'entrée de Saint-Amand, Sa Majesté a reçu l'hommage de M. le maire, accompagné du corps municipal.

Les autres autorités de la ville s'étaient réunies sur un amphithéâtre qui avait été élevé au milieu de la grande place.

M. Duplaquet, sous-préfet de Douai, s'était porté

en avant d'Orchies, limites de son arrondissement, pour y recevoir Sa Majesté. Il lui a adressé le discours suivant :

« SIRE,

» Lorsque Votre Majesté traversa deux fois le nord de la France, elle reconnut dans notre langage et sur nos fronts des marques bien différentes, mais également sincères, de fidélité, d'amour et de dévouement au Roi légitime.

» Les mêmes sentimens vivent toujours dans nos cœurs, et s'animent d'une nouvelle ardeur à l'aspect du noble et brillant héritier de la dynastie la plus ancienne et la plus illustre.

» Si après de longs orages quelque bruit se fait encore entendre dans le lointain, nous n'en sommes point alarmés; car la sagesse et la fermeté du gouvernement de Votre Majesté inspirent à-la-fois la confiance et le respect à ses peuples et à l'Europe, et nos neveux béniront, comme nous, les bienfaits d'un règne à jamais cher à la France. »

Sa Majesté a répondu que les bons sentimens des habitans du département du Nord lui étaient assez connus. Elle s'est rappelé que M. Duplaquet avait été sous-préfet à Béthune dans un temps difficile, où il avait donné des preuves de son dévouement à la cause royale.

Sur la demande du maire d'Orchies, le Roi a visité l'église nouvellement bâtie, où le curé avait, le matin même, célébré le service divin pour la première fois.

Vers une heure, Sa Majesté est arrivée à l'arc de triomphe de Douai, escortée par la garde nationale à cheval et par un détachement du 12e de chasseurs. La garde nationale à pied et le corps des pompiers étaient rangés des deux côtés de la route. On y remarquait une compagnie d'archers habillés à la polonaise, portant le carquois sur le dos.

M. Becquet de Mégille, maire de Douai, accompagné de son adjoint et du corps municipal, a présenté les clefs de la ville en adressant à Sa Majesté le discours suivant :

« SIRE,

» Nous venons, au nom des habitans de Douai, déposer aux pieds de Votre Majesté l'hommage de notre respect profond et de notre éternel amour.

» Daignez, Sire, accepter les clefs d'une ville qui s'est toujours distinguée par son dévouement à ses Rois, et être certain que si ses remparts s'écroulaient sous le feu des ennemis de la France, vos fidèles Douaisiens, rassemblés sur leurs décombres, formeraient une nouvelle enceinte qu'aucun effort ne saurait ébranler.

» Je retarde le bonheur de mes concitoyens, qui brûlent du desir de contempler les traits de leur bien-aimé monarque, digne héritier de tant de Rois; et, dans leur impatience, ils m'accusent sans doute de n'exprimer que faiblement l'ivresse que sa présence inspire.

» C'est au milieu d'eux, Sire, c'est aux accens de leurs transports d'allégresse, que Votre Majesté se convaincra mieux que je ne puis le dire, de toute l'étendue du bonheur que sa vue leur fait goûter, et de leur inexprimable attachement pour son auguste personne. »

Le Roi a répondu :

« Je reçois avec grand plaisir l'expression de vos
» sentimens personnels, et ceux de la ville de
» Douai; assurez-la bien de la satisfaction que j'é-
» prouve à me retrouver dans ses murs. Je compte
» sur son attachement et sa fidélité, comme elle
» peut compter sur mon amour et ma bienveil-
» lance. »

Pendant la réponse du Roi, les chevaux de son carrosse ont été dételés avec une telle promptitude, qu'on n'avait pu s'en apercevoir, et il était entraîné avant que le Roi eût cessé de parler. Ce mouvement spontané, cet élan d'une population nombreuse qui se pressait en cet endroit, étaient accompagnés de vives acclamations. A la première barrière, les clefs de la place ont été présentées à Sa Majesté par M. le chevalier Rochelle de Brecy, lieutenant de Roi.

Le Roi est descendu chez Mesdames Pamart.

A son entrée, de jeunes demoiselles ont présenté à Sa Majesté une corbeille de fleurs. Mlle Foucques, fille de M. le lieutenant-colonel de la garde nationale, a adressé au Roi le compliment suivant :

« SIRE,

» A la vue d'un fils du bon Henri, notre timidité se rassure, et nous ne craignons pas d'arrêter un instant les pas de Votre Majesté, pour lui offrir nos vœux et lui exprimer la joie qu'inspire ici son auguste personne.

» Ces fleurs, Sire, sont l'image de la pureté de nos sentimens pour votre personne sacrée, et l'emblème du bonheur dont la France jouit sous le plus aimé des Rois.

» Ce modeste hommage du cœur doit plaire au noble modèle de la chevalerie, et nous lisons dans le bienveillant sourire de Votre Majesté, que nous avons parlé au meilleur des princes, au père de tous les Français. »

Le Roi a dit avec émotion :

« Mesdemoiselles, je suis vivement touché de » l'hommage que vous m'offrez : je desire votre » bonheur, et j'y contribuerai de toute mon ame. »

Après s'être reposée un instant dans ses appartemens, Sa Majesté a reçu les diverses autorités.

M. Deforest de Quartdeville, premier président de la cour royale de Douai, à la tête des membres de la cour, a prononcé le discours suivant :

« Sire,

» Au milieu des transports de la joie publique, aux vives acclamations de bonheur et d'amour qu'excite dans nos provinces la présence de notre monarque bien-aimé, d'un Roi digne et illustre rejeton de tant de grands Rois ; au milieu de ces élans d'une joyeuse ivresse, daignez, Sire, permettre à votre cour royale de déposer aux pieds de Votre Majesté le sincère hommage de son respect, de son dévouement et de sa fidélité. Tous ces sentimens sont gravés dans nos cœurs plus sûrement encore que dans nos lois ; leur empreinte est ineffaçable. Aussi nous ne l'avons pas oublié, ce 20 juin 1775, ce jour heureux où Votre Majesté, en visitant ces provinces et parcourant ces mêmes lieux, a porté, comme aujourd'hui, dans tous les cœurs flamands, la joie et le bonheur. Oui, Sire, ce sont encore vos bons Flamands, toujours dévoués, toujours fidèles, qui croient de bonne foi que le meilleur moyen de vous plaire, c'est de vous bien servir; qui trouvent leur félicité dans l'accomplissement de leurs devoirs, et leur plus douce récompense dans l'auguste protection du meilleur des Rois.

» Daignez, Sire, accueillir avec bonté nos vœux et nos hommages. »

Le Roi a répondu :

« J'accepte avec grand plaisir l'expression de vos
» sentimens et de vos vœux. Vous avez bien raison
» de dire que c'est le cœur qui doit mener même
» avant les lois, c'est-à-dire que c'est par le cœur
» qu'on est plus porté encore à obéir aux lois et à
» s'y conformer. Mon intention bien ferme est de
» soutenir les lois. Et vous, Messieurs, qui êtes
» mes organes pour les faire exécuter, en rendant
» à mes sujets cette justice que je suis obligé de
» déléguer entre vos mains, vous continuerez à mé-
» riter mon affection, mon estime et ma confiance.

» Les acclamations de ce peuple vont droit à
» mon cœur. Les hommages de la cour royale de
» Douai me sont également agréables : je suis sûr
» qu'elle n'oubliera jamais ce jour, et qu'elle conti-

» nuera à me servir avec zèle et dévouement,
» avec la fidélité que tout bon Français doit au
» Prince, comme moi je leur dois amour et dé-
» vouement. »

M. Morand de Jouffrey, procureur général, a ensuite adressé au Roi la parole en ces termes :

« SIRE,

» Déjà je fus auprès de Votre Majesté l'heureux interprète des sentimens qui animent les membres du parquet de votre cour. Ils n'oublieront jamais, Sire, qu'agissant et portant la parole en votre nom, ils doivent à tous les autres magistrats l'exemple des bonnes doctrines et de la fermeté persévérante qui les fait triompher. »

SA MAJESTÉ a dit :

« De tels sentimens sont justes, et je suis sûr
» que vous les maintiendrez toujours. »

M. le sous-préfet ayant ensuite été présenté, le Roi lui a dit :

« Je ne vous avais d'abord pas reconnu; mais
» je me suis ensuite rappelé que je vous ai vu dans
» des circonstances pénibles. J'ai remarqué avec
» satisfaction l'élan de vos administrés. »

M. Josson, président du tribunal civil :

« Sire,

» Nos cœurs ont tressailli de joie à la nouvelle du voyage de Votre Majesté dans nos contrées; aujourd'hui nous sommes au comble du bonheur de présenter l'hommage de notre amour et de notre dévouement à jamais inaltérables au Monarque bien-aimé dont le règne assure la félicité de ses peuples, en même temps que ses vertus en font l'admiration.

» Tels sont, Sire, les sentimens qui animent tous les membres du tribunal de première instance de Douai. Nous supplions Votre Majesté de les agréer et d'être convaincue qu'ils émanent de cœurs aussi sincères qu'ils sont fidèles. »

Le Roi a répondu :

« Je reçois avec une grande satisfaction l'expres-
» sion de vos sentimens. Continuez à remplir vos
» devoirs avec le zèle, la fidélité et l'impartialité que
» tout juge doit apporter dans l'exercice de ses
» fonctions. C'est la meilleure manière de justi-
» fier ma confiance et d'acquérir des titres à mon
» estime. »

M. Becquet de Mégille, au nom du corps municipal :

« Sire,

» Le maire, le premier adjoint et les membres du conseil municipal de la ville de Douai sont heureux de pouvoir offrir particulièrement à Votre Majesté le juste hommage du dévouement, de l'amour et du respect dont ils sont pénétrés pour elle. La distinction que nous recevons aujourd'hui, est pour nous une récompense bien flatteuse du zèle que nous apportons dans les fonctions honorables que Votre Majesté a daigné nous confier. Croyez, Sire, que ce zèle durera autant que notre existence, qui vous est entièrement consacrée. »

Le Roi a répondu :

« Messieurs, l'accueil que j'ai reçu dans vos murs » me prouve combien vous avez mis de zèle à me » bien servir. Rien ne m'est plus doux que de » voir mes sujets me rendre la justice que je me » flatte de mériter. Dans tous les instans de ma vie, » je m'occupe à consolider leur bonheur et à mé- » riter cette confiance dont je suis digne. »

MM. les juges de paix de l'arrondissement de Douai ont été ensuite admis à présenter leurs hommages à Sa Majesté.

M. Taranger, recteur, au nom de l'académie de Douai :

« Sire,

» L'académie de Douai et son collége royal, unis d'intérêt et de dévouement à la personne sacrée de Votre Majesté, viennent déposer à ses pieds l'hommage de leur respect et de leurs vœux.

» Si l'ivresse est dans tous les rangs de cette cité, c'est que pour les Bourbons tous les cœurs se ressemblent. Votre Majesté nous a confié une partie de cette jeunesse, espoir de la France et de tout l'avenir. Nous avons été, nous serons à jamais fidèles à ce devoir, Sire; et quand ces enfans, objet de votre royale sollicitude, sortent de nos mains, ils ont appris que la religion de nos pères, que le trône d'Henri IV, occupé par les droits et les vertus de Charles X, sont les monumens irrécusables et la plus infaillible garantie des félicités publiques.

» Vivez toujours, Sire, au sein de ces félicités : vivez autant que vivra dans votre fidèle département du Nord le souvenir du jour fortuné que Votre Majesté lui accorde aujourd'hui. »

Le Roi a répondu :

« Je reçois avec grand plaisir l'expression de vos
» sentimens. Vous êtes appelés à des fonctions bien
» importantes. Soignez cette jeunesse; inspirez-lui

» les sentimens de religion qui doivent être gravés » dans tous les cœurs, et qui conduisent à cette fidé- » lité qui est si naturelle au pays que je traverse. » Cette jeunesse peut compter sur mon affection et » sur ma sollicitude pour son bonheur; mais il faut » qu'elle les mérite par ses bons sentimens, et c'est » à vous, Messieurs, à les lui inspirer. »

M. le commandant de la Garde nationale :

« SIRE,

» C'est un bien grand bonheur pour la garde nationale de Douai d'être admise à l'insigne honneur de déposer aux pieds de Votre Majesté l'hommage de son profond respect. Daignez, Sire, l'accueillir avec bonté, et nous permettre de renouveler entre vos mains nos sermens d'amour et de fidélité.

» Tels sont, Sire, les sentimens de nos cœurs, aussi respectueux qu'ils sont loyaux et fidèles. »

LE ROI a répondu :

« J'accepte avec grand plaisir l'assurance que vous » me donnez de vos sentimens. Je suis très-touché » du zèle que la garde nationale a montré dans cette » occasion; je lui en sais très-bon gré. »

M. le doyen d'âge, à la tête des curés et desservans :

« SIRE,

» Vos loyaux et fidèles sujets les curés, vicaires et autres ecclésiastiques formant le clergé de Douai, se trouvent aujourd'hui heureux de pouvoir déposer aux pieds de Votre Majesté les sentimens du profond respect, de la vénération, de l'attachement et de la fidélité dont ils ont toujours été animés envers la famille royale des Bourbons, dans les temps même les plus difficiles.

» Oui, Sire, tous nos vœux, tous nos soupirs, tous les sentimens de nos cœurs, et, j'ose le dire, toute l'influence de notre ministère, furent et seront toujours pour cette antique et vénérable dynastie qui depuis tant de siècles fait le bonheur de la France, pour notre auguste et bien-aimé monarque Charles X, l'héritier des vertus de S. Louis et de Henri IV. Aussi nous osons, Sire, assurer Votre Majesté que toutes les fois que nous montons à l'autel pour offrir la victime adorable, nous ne manquons pas de supplier le Dieu de miséricorde qu'il continue de répandre sur votre personne sacrée l'abondance de ses grâces et de ses bénédictions; nous le conjurons même qu'il prolonge pour long-temps les jours de Votre Majesté, jours si précieux à la religion, si glorieux à la France, et si nécessaires pour le bonheur de tous vos sujets.

» C'est dans ces sentimens que, participant à l'allégresse et à la joie de nos concitoyens, nous répétons avec eux ce cri si cher aux Français : *Vive le Roi ! vive Charles X., notre bien-aimé monarque ! vive M.*[gr] *le Dauphin et M.*[me] *la Dauphine ! vive M.*[gr] *le Duc de Bordeaux et son auguste mère ! vivent à jamais les Bourbons !* »

Le Roi a répondu :

« Redoublez de zèle pour appeler les grâces de la » Divinité sur mes peuples : c'est la meilleure manière » de me prouver votre fidélité et votre dévouement ; » c'est celle à laquelle j'attache le plus de prix. »

M. Fouquay, doyen d'âge, a porté la parole en ces termes :

« Sire,

» La Société centrale d'agriculture, sciences et arts du département du Nord, dépose aux pieds de Votre Majesté l'hommage de son respect, de son amour et de son dévouement. Faire fleurir l'agriculture dans votre belle Flandre, encourager autant qu'il est en nous les sciences et les arts, telle est la mission que Votre Majesté a daigné nous confier, et que nous nous efforcerons toujours de remplir. Heureux si, en cherchant à améliorer le sort du cultivateur, et à donner à l'industrie une noble impulsion, nous pouvons, dans cette riche contrée de la France, contribuer à la prospérité publique, premier vœu de Votre Majesté. »

Le Roi a répondu :

« Vous avez bien raison, Messieurs; l'agriculture » est le premier bien des peuples. Vous avez beau » jeu dans un département comme celui-ci ; car » il est impossible de rien voir de plus riche » et de plus beau. Il reste cependant des détails » dans lesquels vous devez entrer pour bien seconder » mes intentions. Continuez donc à encourager » l'agriculture; c'est le plus solide appui d'un état. »

Après les réceptions, le Roi est allé en calèche découverte au polygone, où a eu lieu l'exercice du tir.

Il était accompagné par M. le ministre de la guerre et M. le comte de Coëtlosquet, directeur général du personnel.

Sa Majesté est allée ensuite à la fonderie royale pour assister à la fonte de quatorze pièces de canon.

Le succès de cette opération a été complet. Sa Majesté a été reçue par M. Duchaussoir, directeur de cette fonderie.

Sa Majesté, accompagnée de M. le ministre de l'intérieur, s'est rendue à l'hôtel-de-ville, où les produits de l'industrie de la ville avaient été réunis.

M. le maire a donné à Sa Majesté des explications sur tous les objets de l'exposition, très-dignes par eux-mêmes d'attirer son attention.

Le Roi a visité aussi l'arsenal.

Sur le desir manifesté par M. le maire, Sa Majesté s'est rendue au musée et à la bibliothèque. M. le maire a saisi cette occasion pour solliciter l'établissement d'une école de droit à Douai. Le Roi a dit qu'il examinerait cette demande avec intérêt.

Sa Majesté est rentrée à près de sept heures. Elle a reçu les dames après son dîner.

Demain le Roi part à neuf heures du matin pour Lille.

N° 6.

Le Roi est parti de Douai à neuf heures du matin.

Le corps municipal, accompagné de la garde nationale, a présenté, à la sortie de la ville, ses hommages à Sa Majesté.

A onze heures et demie, le Roi est arrivé à l'extrémité du faubourg de Lille, où des chevaux de selle avaient été amenés.

M. le préfet, le lieutenant général commandant la division, et le maréchal-de-camp commandant le département, y attendaient Sa Majesté.

Le Roi est monté à cheval, ainsi que les grands-officiers qui l'accompagnent.

Sa Majesté était escortée par la garde nationale à cheval et un détachement de chasseurs, qui étaient allés au-devant d'elle.

Un pavillon circulaire, en forme de tente ornée de faisceaux d'armes, s'élevait à l'entrée de la ville.

M. le comte de Muyssard, maire de Lille, s'y était rendu avec ses adjoints et le conseil municipal.

La garde nationale à pied, les canonniers et les sapeurs-pompiers de la ville étaient rangés des deux côtés de l'enceinte.

Une immense population s'était portée sur ce point.

M. le maire a présenté au Roi les clefs de la ville sous le pavillon. Des acclamations long-temps prolongées permirent à peine à M. le maire de faire entendre le discours suivant qu'il a adressé à Sa Majesté :

« Sire,

» Votre bonne ville de Lille se rappelle avec reconnaissance qu'un Bourbon, votre aïeul, l'a rangée pour jamais sous l'empire des lis.

» Pour perpétuer la mémoire de cet heureux événement, nos ancêtres ont élevé en l'honneur de

Louis le Grand l'arc de triomphe qui embellit l'entrée de cette cité.

» Derrière ce monument, une population fidèle et toujours dévouée à votre glorieuse dynastie attend avec impatience l'arrivée de son auguste et bien-aimé souverain.

» Votre présence, Sire, va combler les vœux des nombreux habitans de cette grande ville. Je supplie Votre Majesté de me permettre de lui en présenter les clefs, et de lui offrir l'hommage de nos respects, de notre amour et de notre dévouement. »

Le Roi a répondu :

« J'accepte les clefs que vous me présentez; je
» vous les rendrai à mon départ avec la même con-
» fiance.

» Assurez bien les habitans de Lille que je me
» trouve heureux d'être dans leurs murs. Je sais
» qu'ils ont conservé des cœurs véritablement
» français, depuis qu'ils sont attachés à la mo-
» narchie. Je suis sûr de trouver en eux fidélité,
» constance et courage dans toutes les circons-
» tances. »

M. le baron Dejean, lieutenant de Roi, a présenté, à la première barrière, les clefs de la place à Sa Majesté.

En entrant dans la ville, le Roi a arrêté ses

regards sur la belle façade de la porte de Paris, espèce d'arc de triomphe qui fut élevé en l'honneur de Louis XIV et qui vient d'être restauré.

Une salve d'artillerie a annoncé l'entrée de Sa Majesté.

Depuis la porte de Paris jusqu'à la grand'place, la haie était formée par des compagnies d'archers et d'arbalêtriers, qui déployaient de larges drapeaux de diverses couleurs.

Sa Majesté est descendue à l'hôtel de la préfecture, au milieu des acclamations de l'immense population qui se pressait sur ses pas.

De jeunes demoiselles lui ont offert une corbeille de fleurs.

Mademoiselle de Murat a eu l'honneur d'adresser un compliment au Roi.

Après s'être reposé quelques instans dans ses appartemens, le Roi a reçu les diverses autorités dans l'ordre suivant :

Le conseiller d'état préfet et le conseil de préfecture,

Le lieutenant général et les officiers de l'état-major,

Le maréchal-de-camp commandant,

Le tribunal civil,

Le conseil municipal,

Le tribunal de commerce,

La chambre de commerce,
Les juges de paix,
Les prud'hommes,
Le lieutenant de Roi,
Le conseil de préfecture,
Les officiers de la garde nationale,
Les corps d'officiers,
Les curés,
Le consistoire de l'église réformée,
La commission administrative des hospices,
La commission des prisons,
La société d'agriculture,
Le receveur général des finances,
L'inspecteur divisionnaire des ponts et chaussées et les ingénieurs,
Le directeur des contributions indirectes,
Le directeur des douanes,
Le directeur des contributions directes,
Le directeur des domaines,
Des députations des villes de Dunkerque, de Roubaix et de la Bassée.

Discours prononcé par M. Defontaine, président du tribunal civil.

« Sire,

» Un prince qui fait régner la justice dans les

états, et qui les gouverne par des lois sages, rend toujours les peuples heureux et florissans; ils sont toujours grands parmi les autres nations.

» La France possède tous ces avantages sous le règne de Votre Majesté; et nos cœurs, pénétrés des plus vifs sentimens, n'ont point assez de bénédictions pour le meilleur des pères.

» Partout Votre Majesté est accueillie par les acclamations d'un peuple avide de contempler les traits de son Roi bien-aimé; mais nulle part, Sire, le bonheur de jouir de votre royale présence n'est plus vivement senti que dans ces belles contrées, si connues par leur attachement à votre illustre famille.

» Les membres de votre tribunal civil de Lille, glorieux de rendre justice en votre auguste nom à des sujets aussi dévoués, partagent leur amour, leurs transports, leur joie, et viennent déposer au pied du trône de Votre Majesté l'hommage d'un respect sans bornes et d'une fidélité inviolable. »

LE ROI a répondu :

« J'accepte avec grand plaisir l'expression de vos
» sentimens ; ils vont droit à mon cœur. Je ne veux
» gouverner que par la justice et par les lois. Songez
» que j'ai remis entre vos mains le pouvoir de les
» exécuter. Continuez à mériter mon estime et

» ma confiance : c'est la plus grande satisfaction que
» vous puissiez me procurer. »

Discours de M. le Maire.

» SIRE,

» La présence de Votre Majesté dans sa bonne ville de Lille a comblé de joie tous ses habitans; ce jour mémorable sera inscrit dans nos fastes parmi les jours les plus fortunés. Le conseil municipal s'empresse, Sire, de venir déposer à vos pieds l'expression de ses sentimens; il vous supplie d'accueillir avec bonté l'hommage de son respect, et d'agréer les vœux qu'il forme pour la prospérité et la durée du règne de Votre Majesté. »

LE ROI a répondu :

» Je vous sais gré de ces sentimens, et surtout
» du zèle que vous mettez dans l'accomplissement
» des devoirs qui vous sont confiés. Si la ville de
» Lille est heureuse de me posséder momentané-
» ment, je puis vous assurer que ce sentiment est
» bien partagé par mon cœur. Dites à vos adminis-
» trés que je n'oublierai jamais l'accueil qu'ils me
» font, et que je compte sur leur attachement et
» leur fidélité. »

Discours adressé par le Tribunal de commerce.

» SIRE,

» Les membres du tribunal de commerce de Lille viennent déposer l'hommage de leur respect et de leur amour aux pieds d'un monarque dont la constante sollicitude est pour l'égale et prompte distribution de la justice à tous ses sujets.

» Le projet de réforme d'une partie de notre législation commerciale est un gage nouveau du soin paternel que prend Votre Majesté de prévoir tous nos besoins et de verser sur son peuple tous les genres de bienfaits ; tous les habitans de cette industrieuse cité savent les apprécier, Sire, et nous serions heureux que Votre Majesté daignât agréer l'expression de la vive reconnaissance et du pur dévouement qui animent tous nos cœurs. »

LE ROI a répondu :

« Je prends le plus grand intérêt au commerce.
» L'objet constant de mes desirs est de favoriser de
» plus en plus ses développemens. C'est à votre zèle
» à mettre en jeu tout ce qui peut contribuer à faire
» prospérer le commerce de mon royaume. »

Discours de la Chambre du commerce.

« Sire,

» Dans ce jour à jamais mémorable pour notre cité fidèle, et qui laissera dans nos cœurs un souvenir précieux et ineffaçable, la chambre de commerce de Lille est autant honorée qu'heureuse de présenter à son auguste souverain ses respectueux hommages.

» Sire, nous avons la certitude que Votre Majesté ne laissera échapper aucune occasion d'assurer sa haute protection au commerce en général, et nous la sollicitons en particulier pour une ville qui se fait un devoir, comme elle se fait un bonheur, de son attachement à Votre Majesté et à la dynastie légitime. »

Le Roi a répondu :

« Ma sollicitude s'étend sur tous mes sujets.
» Soyez sûrs qu'elle se porte sur tout ce qui peut
» intéresser un pays aussi favorable au commerce
» que celui-ci. Si je puis ajouter quelque chose à
» ses moyens de prospérité, je le ferai. »

Discours de la Société d'agriculture.

« Sire,

» Partageant l'allégresse universelle que répand la

présence de Votre Majesté dans le nord de la France, la société des sciences, de l'agriculture et des arts de Lille se félicite de déposer à ses pieds l'hommage de sa fidélité, de son respect, de son dévouement et de son amour. La constante protection, la faveur encourageante dont les arts et les lettres jouissent auprès de votre trône, Sire; l'heureuse influence que ressent l'agriculture, cette base la plus solide du bonheur des peuples, des soins bienveillans que Votre Majesté ne cesse de lui donner, nous pénètrent de reconnaissance, et la manifestation de ce sentiment est un besoin impérieux pour nos cœurs.

» L'accueil plein de bonté que Votre Majesté daigne faire à tout ce qui tend au perfectionnement des sciences et des arts, nous inspire la confiance de lui présenter le recueil des travaux de la société; heureux si cette humble offrande, fruit de nos efforts assidus dans la carrière de l'utilité publique, fixe les regards appréciateurs du digne successeur de tant de rois amis des lettres dont la France s'enorgueillit.

» Oserions-nous, Sire, exprimer un desir à l'accomplissement duquel nous attachons un prix infini? la faveur de recevoir de Votre Majesté le titre de société royale commencerait pour nous une ère glorieuse, qui daterait de ce jour fortuné, à jamais gravé dans notre mémoire; elle nous inspirerait la volonté la plus forte de nous en rendre dignes, et nous enflammerait d'une nouvelle ardeur afin de seconder les inspirations bienfaisantes de Votre Majesté dans la recherche de tous les moyens que présentent les sciences, l'agriculture et les arts, pour augmenter le bonheur de ses peuples. »

LE ROI a répondu :

« J'examinerai votre demande avec l'intérêt qu'elle » doit inspirer. L'agriculture a fait de grands progrès » dans ce pays. Continuez avec le même zèle ; c'est » la meilleure manière de me prouver votre devouement et votre fidélité. »

Discours du Maire de la ville de Dunkerque.

« SIRE,

« La ville de Dunkerque, la seconde de votre département du Nord, nous a chargé de l'honneur insigne d'exprimer à Votre Majesté l'impatience qu'elle éprouve de lui offrir les témoignages de son amour et de son respect.

» Les Dunkerquois seraient au comble de leur félicité, Sire, si Votre Majesté daignait leur accorder la faveur de posséder leur monarque chéri aussi long-temps que les autres villes du département.

» Qu'il leur soit permis d'invoquer à l'appui de leur respectueuse supplique les titres de fidélité et de dévouement qui font leur bonheur et leur gloire ;

et puisse Charles X se rappeler les bontés qu'eut pour eux Mgr le comte d'Artois en 1775. »

Le Roi a dit :

« J'arriverai de bonne heure à Dunkerque, et j'y » resterai le plus long-temps que je pourrai. Je serai » charmé de revoir cette ville ; il y a cinquante- » deux ans que j'y étais. »

Après la réception, le Roi est allé à l'hôtel-de-ville visiter les produits de l'industrie lilloise, exposés dans deux salles.

Sa Majesté a examiné tout avec détail, et s'est entretenue avec les fabricans.

Elle s'est arrêtée devant une machine à faire des cardes, qu'elle a examinée avec attention dans toutes ses parties.

Elle a vu aussi le musée d'histoire naturelle.

En sortant de l'hôtel-de-ville, le Roi est allé visiter la filature de lin de M. Thierry-Virnotte, la fabrique de cardes de M. Scrive et la filature de coton de M. Mille.

Sa Majesté a terminé sa visite par l'hôpital général. Elle est rentrée à six heures à l'hôtel de la préfecture.

Le public a été admis à passer devant la table de Sa Majesté.

Elle a admis à l'honneur de dîner avec elle, comme elle avait fait dans toutes les villes par où elle a passé, MM. le préfet, le maire, les généraux commandans de divisions et de subdivisions, MM. les députés, dont elle avait déjà agréé l'hommage individuel, et MM. les colonels de la garde nationale et des régimens de ligne.

Vers neuf heures, le Roi s'est rendu en calèche à la salle de bal, dite la salle du concert; Sa Majesté en a fait le tour, accompagnée de M. le maire, en adressant la parole aux dames qui occupaient le premier rang. Elle est allée ensuite s'asseoir sur son fauteuil, et a paru satisfaite du beau coup d'œil que présentait cette salle de forme circulaire, garnie de six rangs de dames, placées sur des gradins en amphithéâtre.

Les danses ont commencé immédiatement.

Sa Majesté s'est retirée après y être restée une heure, au milieu des acclamations qui l'avaient accueillie à son entrée.

Le huit au matin, le Roi est allé à pied entendre la messe à l'église Saint-André.

Cette messe a été exécutée par les élèves de l'école royale de musique de Lille.

N° 7.

S. A. R. le Prince d'Orange est arrivé à Lille le 8 à dix heures du matin, venant de Tournay. Le prince était accompagné de son premier aide-de-camp et de deux officiers. Il est venu immédiatement chez le Roi. Sa Majesté s'est entretenue assez long-temps avec Son Altesse Royale.

M. le Dauphin est arrivé à onze heures et demie, venant d'Arras.

Une demi-heure après, le Roi, accompagné de son auguste fils et de S. A. R. le Prince d'Orange, est monté à cheval et s'est rendu à l'hôpital militaire. Il a parcouru ce magnifique établissement, peut renfermer douze cents malades, et a il témoigné sa satisfaction de l'ordre et de la bonne administration qu'il y a remarqués. Sa Majesté, dans sa visite, était accompagnée de M. Thévenot de Saint-Blaise, premier chirurgien ordinaire.

De là, Sa Majesté est allée à l'Esplanade, où la garde d'honneur à pied et à cheval, les canonniers et sapeurs-pompiers de la garde nationale et toutes les troupes de la garnison étaient rangés en bataille. Après avoir passé dans les rangs, le Roi a visité la citadelle, qu'il a trouvée dans le meilleur état. Sa Majesté est retournée à l'Esplanade, où les différens corps ont défilé devant elle.

Le Roi a parcouru ensuite une partie des fortifications de la ville jusqu'aux *tourillons*, et a approuvé les nouveaux travaux qui y ont été faits par ses ordres.

Sa Majesté est allée à Chanq, à une lieue de Lille, sur la route de Gand, visiter une superbe manufacture, où l'on commence à tisser la laine par des procédés jusqu'ici inconnus en France.

Près de l'ancienne abbaye de Chasquette, le Roi a posé la première pierre du canal de Roubaix. Ce canal est destiné à porter à Lille les produits des villes de Turcoing et Roubaix, qui sont une création de la restauration : en 1815 c'étaient des villages de sept à huit cents habitans; aujourd'hui Turcoing a dix-sept mille ames, et Roubaix quinze mille. Un quart de lieue seulement sépare ces deux villes, qui seront probablement réunies avant deux ans en une seule.

Le Roi est rentré par la porte Saint-André, et a visité l'hôtel royal des monnaies, où des médailles ont été frappées en présence de Sa Majesté.

Le revers de la médaille frappée à l'effigie de Charles X porte : *A Charles le bien aimé la ville de Lille fidèle et reconnaissante.*

S. A. R. le Prince d'Orange a dîné avec le Roi et M.gr le Dauphin.

A huit heures, le Roi s'est rendu à la salle de spectacle. Les cris de *Vive le Roi*, entendus du dehors, ont annoncé l'arrivée de Sa Majesté. A l'entrée du Roi dans sa loge, la salle a retenti des plus vives acclamations. S. A. R. le Prince d'Orange était à la droite du Roi, et M. le Dauphin à la gauche de Sa Majesté.

Le spectacle se composait des deux premiers actes de *la Dame Blanche* et du *Tableau parlant.*

Après la première pièce, des couplets ont été chantés. Le refrain,

> Lillois, livrons nos cœurs à la plus douce ivresse :
> A nos vœux les plus chers le Ciel enfin sourit.
> Que dans nos murs éclate l'allégresse :
> Voici le Roi que la France chérit.

répété trois fois, a excité un enthousiasme général; il a été accueilli par les cris : *Vive le Roi! vive le Dauphin! vive le duc de Bordeaux! vivent les Bourbons! toujours! toujours!*

Après le spectacle, qui a duré jusqu'à onze heures et demie, le Roi est venu se placer au balcon disposé en avant du palais de la préfecture, pour voir le feu d'artifice qui a été tiré sur la place Saint-André, à l'extrémité de la rue Royale.

Pendant le feu d'artifice, des acclamations réitérées se prolongeaient d'un bout à l'autre de cette belle rue, couverte d'une foule innombrable.

Le 9, le Roi a entendu la messe, à six heures et demie du matin, à l'église Saint-André.

Sa Majesté est partie ensuite pour Saint-Omer, en passant par Hazebrouck, où elle doit s'arrêter.

La ville de Reims ne pouvait rester indifférente au passage du Roi à Laon. Le conseil municipal avait voté avec enthousiasme l'envoi dans cette ville d'une députation chargée d'aller offrir à Sa Majesté la nouvelle expression de tous les sentimens d'amour, de respect et de dévouement dont sont pénétrés pour son auguste personne les habitans de la ville du sacre.

Cette députation, à la tête de laquelle se trouvait M. le vicomte Ruinart de Brimont, maire, a été accueillie par Sa Majesté avec cette bonté si touchante qui lui est si naturelle. Elle a paru sensible à cette démarche de la ville de Reims.

N° 8.

Omer. Le Roi est parti, avec M. le Dauphin, de Lille, le 9, à sept heures du matin, après avoir entendu la messe à l'église Saint-André.

Sa Majesté a trouvé à la porte de Lille, comme dans toutes les villes où elle a couché, M. le maire à la tête du corps municipal, qui lui a présenté de nouveau ses hommages.

Le Roi a traversé les villes d'Armentières et de Bailleul, où MM. les maires et les autorités locales ont offert à Sa Majesté l'hommage du respect et de l'amour d'une population fidèle et dévouée.

Le Roi s'est rendu à Hazebrouck, où il a reçu M. le préfet, le maire et le tribunal de première instance.

Sa Majesté a vu avec satisfaction l'accroissement de cette ville presque nouvelle; il a surtout remarqué l'hôtel-de-ville qu'on vient de bâtir.

Sa Majesté a traversé Cassel, où elle a reçu les mêmes hommages, et a pris la route de Saint-Omer.

A une lieue et demie de cette ville, à la limite des départemens du Nord et du Pas-de-Calais, elle a trouvé, à l'arc de triomphe, M. le lieutenant général comte de Roittembourg, commandant la division; le vicomte de Balathier, commandant la subdivision; M. le vicomte Blin de Bourdon, préfet, qui a eu l'honneur de complimenter le Roi; M. Delaage, sous-préfet. Quatorze escadrons étaient rangés en bataille le long de la route.

Un de ces escadrons a servi d'escorte à Sa Majesté.

C'est en cet endroit que les gardes-du-corps du Roi ont pris leur service auprès de sa personne.

La première division de l'infanterie couvrait les glacis ou occupait les différentes rues ou places par lesquels a passé le cortége de Sa Majesté.

Le Roi, après avoir reçu les clefs de la ville des mains de M. le Sergent de Bayenghem, maire de

Saint-Omer, et plus loin celles de la place, de M. le chevalier de Bussières, lieutenant de Roi, a fait son entrée à cinq heures dans la ville. On s'était porté sur la voiture de Sa Majesté pour la dételer ; mais s'en étant aperçue, elle ne l'a pas permis.

Sa Majesté est descendue au palais qui lui avait été préparé. Elle a daigné agréer l'hommage d'une corbeille de fleurs qui lui a été offerte par les demoiselles de la ville.

Une demi-heure après son arrivée, le Roi a reçu les diverses autorités, qui lui ont été présentées par M. le marquis de Rochemore, maître des cérémonies de France, dans l'ordre établi par le décret des préséances, et comme ces présentations ont toujours eu lieu dans les villes que Sa Majesté a honorées de sa présence.

La rapidité du voyage aura fait sans doute omettre quelques circonstances de détail sur lesquelles nous nous proposons de revenir.

Le Roi a trouvé à son arrivée à Saint-Omer plusieurs officiers de sa maison civile et militaire, qui s'y étaient rendus directement.

M. le comte de Cossé-Brissac, premier maître-d'hôtel, ayant reçu la triste nouvelle de la perte d'une mère chérie, Sa Majesté l'a dispensé de son service; et, d'après ses ordres, il est retourné à Paris. M. le vicomte Hocquart, chambellan de l'hôtel, est chargé de ce service.

Parmi les officiers de la maison civile et militaire du Roi arrivés à Saint-Omer sont M. le comte de Montholon, M. le comte de Quinsonnas, gentilshommes de la chambre; MM. le vicomte de Lasalle, le comte de Wall, le comte de Trogoff, le vicomte Sosthène de la Rochefoucault, le marquis de Conflans, aides-de-camp de Sa Majesté.

M. le prince de Polignac, M. le vicomte d'Oheguerthy, écuyer commandant, M. le comte de Bongars, écuyer cavalcadour, s'étaient rendus à Lille, où ils ont pris leur service.

Aujourd'hui 10 le Roi doit aller au camp passer une grande revue. On exécutera de grandes manœuvres aux Bruyères.

Discours du Préfet.

« SIRE,

» Combien n'ai-je pas à me féliciter de l'honneur insigne qui m'était réservé, de venir aujourd'hui à la limite du département du Pas-de-Calais, de cette province d'Artois, si fière d'avoir pendant longues années associé son nom au vôtre, Sire; d'y venir, à la tête de cette population si fidèle, déposer aux pieds de Votre Majesté l'hommage de notre profond respect, l'expression de notre amour invariable pour votre auguste personne, et de notre dévouement sans bornes à sa dynastie !

» Oui, Sire, nous savons apprécier l'insigne faveur que Votre Majesté daigne nous accorder, en se rendant, avec le héros pacificateur de l'Espagne, au milieu de ses fidèles Artésiens, et comblant ainsi les vœux les plus chers à leurs cœurs.

» Quelle plus haute récompense pouvait être accordée à leurs anciens et loyaux services? Ah, Sire, si les sentimens que nous professons pour notre souverain étaient susceptibles de s'accroître, que de motifs n'aurions-nous pas en ce jour pour redoubler d'amour et de dévouement envers le monarque adoré à qui la Providence, dans sa miséricorde, a confié les destinées de la France! *Vive le Roi!* »

Le Roi a répondu :

« Le Roi mon aïeul, en me donnant le droit de
» porter le nom de cette province, m'a donné le
» droit d'avoir pour ses habitans une affection par-
» ticulière; ils la méritent. Je connais leur fidélité
» et leur dévouement; je suis content de me trouver
» au milieu d'eux. »

Discours prononcé par M. le Maire, à l'arc de triomphe.

« SIRE,

» J'ai l'honneur de déposer aux pieds de Votre Majesté les clefs de la ville de Saint-Omer.

» Notre population tout entière, transportée d'allégresse, avide de contempler les traits de son Roi, se presse sur les pas du monarque bien-aimé, et les acclamations qui saluent le père commun des Français sont à-la-fois l'expression du bonheur public et de la reconnaissance.

» Telles sont, Sire, les sensations douces et pures que votre auguste présence fait naître dans le cœur des Andomarois, pour qui le dévouement au trône, l'amour, le respect et la fidélité au souverain légitime, sont des sentimens héréditaires.

» Daignez, Sire, agréer avec bonté le respectueux hommage de ces sentimens. *Vive le Roi! vivent les Bourbons!* »

LE ROI a répondu :

« Assurez les habitans de Saint-Omer de la satis-
» faction que j'éprouve en entrant dans leurs murs.
» Ils peuvent compter sur mon affection et ma bien-

» veillance, comme je compte sur leur attachement
» et leur fidélité. »

Discours du Président du Tribunal civil.

« SIRE,

» Votre tribunal chef-lieu judiciaire du Pas-de-Calais vient déposer aux pieds de Votre Majesté l'hommage de son profond respect et de sa fidélité. Daignez, Sire, agréer cet hommage, en vous rappelant que Votre Majesté se trouve dans l'ancien Artois, et que son premier apanage fut le cœur des Artésiens et leur amour sans bornes. Cet amour, conservé au milieu de nos malheurs publics, manifesté à Livri et dans des circonstances à jamais mémorables, s'accroît encore par la présence auguste de Votre Majesté; et nous sentons avec une joie nouvelle que nous sommes au Roi et aux Bourbons, comme nous sommes à celui qui règne sur les rois et les nations, à la vie et à la mort.... *Vivent donc à jamais le Roi et les Bourbons!* »

LE ROI a répondu :

» Les sentimens que vous m'exprimez sont de
» nature à me satisfaire sous tous les rapports. Je
» n'oublierai pas qu'à ma naissance le Roi me donna
» le nom de cette province : c'est un titre de plus à

» mon affection. Je la lui ai toujours témoignée
» autant que je l'ai pu ; elle l'a méritée par sa fidé-
» lité, par sa constance et par tous les sentimens
» qui l'animent. Continuez à rendre la justice avec
» cette impartialité et cette fermeté qui lui con-
» viennent, et vous acquerrez de nouveaux droits à
» ma bienveillance. »

Discours de M. Fougeroux de Campignolles ; président de la Cour d'assises.

« Sire,

» Le président de la cour d'assises du département du Pas-de-Calais vient déposer aux pieds de Votre Majesté ses respectueux hommages. Les magistrats ne sont pas les derniers, Sire, à partager l'allégresse que votre auguste présence a répandue dans cette heureuse cité ; ils révèrent en vous la source sacrée d'où leur pouvoir émane ; ils ont gravées dans leur cœur ces paroles mémorables de Votre Majesté, que la magistrature donne de la force au trône par la justice, et que le trône la lui rend par son éclat et sa puissance. S'ils admiraient autrefois les vertus guerrières qui signalèrent votre brillante jeunesse, lorsqu'au retour d'un siége fameux vous vous trouvâtes dans ce même camp au milieu de vos compagnons d'armes et des notabilités militaires de la fin du dernier siècle, ils admirent aujourd'hui le génie qui préside aux destinées d'un grand peuple, ils admirent la haute sagesse du monarque religieux et magnanime qui tient d'une main habile et ferme les rênes de l'État.

» Jouissez, Sire, des transports d'ivresse, des témoignages de respect et d'amour que font partout éclater sur votre passage vos fidèles sujets de la province d'Artois, de cette province qui vous est chère à tant de titres, qui fut jadis votre apanage, et qui met au nombre de ses plus beaux titres de gloire celui de vous avoir donné son nom. »

LE ROI a répondu :

« Je reçois avec grand plaisir l'expression de vos
» sentimens. Continuez à rendre la justice avec im-
» partialité et fermeté ; c'est la meilleure manière de
» me témoigner votre dévouement. »

Discours du Président du Tribunal de commerce.

« SIRE,

» Dans ces jours fortunés où Votre Majesté daigne honorer de sa présence sa ville de Saint-Omer, le tribunal de commerce, dont j'ai l'honneur d'être le président et l'organe, s'empresse d'offrir à son Roi bien-aimé le tribut et l'hommage de son amour et de sa fidélité inviolable. Daignez, Sire, agréer l'expression de ses sentimens très-sincères et de son profond respect.

« *Vive le Roi! vivent à jamais les Bourbons!* »

Le Roi a répondu qu'il recevait avec plaisir l'expression de ces sentimens.

Discours de M. de Folard, commandant de la garde nationale.

« SIRE,

« La garde nationale de Saint-Omer, inébranlable dans ses devoirs, glorieuse de son obéissance et fière de son dévouement, est heureuse de pouvoir déposer aux pieds de Votre Majesté l'hommage des sentimens de respect, d'amour et d'inviolable fidélité dont elle est animée pour vous, Sire, et pour votre auguste race. Ces sentimens resteront gravés dans nos cœurs. Daignez, Sire, les agréer, et être persuadé que Votre Majesté n'aura jamais de serviteurs plus dévoués que ses fidèles Artésiens. »

LE ROI a répondu :

« Je reçois avec reconnaissance l'expression des » sentimens de la garde nationale. Je compte sur » eux dans toute occasion. »

N° 9.

Omer. Le Roi, accompagné de M. le Dauphin, du Prince d'Orange, du ministre de la guerre, et d'un nombreux cortége d'officiers généraux, parmi lesquels on distinguait plusieurs généraux étrangers, est monté à cheval aujourd'hui à onze heures et demie, pour se rendre sur la Bruyère de Saint-Omer, où les troupes du camp, sous les ordres de M. le lieutenant général comte Curial, étaient formées en bataille; l'infanterie, l'artillerie et les troupes du génie en première ligne, la cavalerie en seconde ligne. Sa Majesté les a passées en revue, et s'est portée ensuite sur le mamelon de Vesques: la 2e division d'infanterie, sous les ordres de M. le général Fesensac, douze escadrons de cavalerie et trois demi-batteries d'artillerie se sont rapidement établis pour défendre cette position, attaquée par les 1re et 3e divisions d'infanterie, sous les ordres de MM. les généraux Bellard et d'Escars, par deux escadrons de cavalerie et trois demi-batteries d'artillerie. La petite guerre a aussitôt commencé: à l'aile gauche de l'attaque, l'infanterie, formée en carrés par échelons, a soutenu plusieurs charges successives de cavalerie parfaitement exécutées; ces mouvemens ont été suivis de quelques passages de ligne en avant et en retraite, faits avec la plus grande précision : l'extrême mobilité de la nouvelle artillerie de campagne s'est particulièrement fait remarquer pendant ces manœuvres, à la suite desquelles toutes les troupes se sont formées en colonne et ont défilé devant le Roi. Sa Majesté a daigné témoigner sa satisfaction de l'ensemble des manœuvres, de l'immobilité parfaite des troupes et de leur excellente tenue. Elles ont recueilli ainsi la première récompense de tous les efforts qu'elles ont faits pour perfectionner leur instruction et pour se rendre dignes de la haute faveur que leur fait Sa Majesté en venant les visiter.

Le Roi est rentré à cinq heures et demie en calèche découverte.

Le Roi avait envoyé à la frontière M. le duc de Maillé, son premier aide-de-camp, pour complimenter en son nom S. A. R. M.gr le Prince d'Orange. Il était accompagné de M. le vicomte Alexandre de Berthier, lieutenant des gardes-du-corps du Roi, que Sa Majesté a désigné pour être de service auprès de Son Altesse Royale pendant son séjour en France.

Un détachement de cinquante chasseurs attendait Son Altesse Royale à la frontière, et l'a escortée jusqu'à Lille.

Le jour de son arrivée à Saint-Omer, le Roi

a admis à sa table MM. le marquis de Tramécourt, le baron de Coupigny et du Hay, députés du Pas-de-Calais, qui avaient eu l'honneur de présenter leurs hommages à Sa Majesté. Elle y a également admis M.gr l'évêque d'Arras, qui s'est rendu à Saint-Omer pour rester auprès de Sa Majesté pendant le temps de son séjour dans cette ville.

Le Roi a entendu la messe dans ses appartemens.

N° 10.

Omer.

Le Roi, accompagné de M. le Dauphin, de S. A. R. le Prince d'Orange, du ministre de la guerre, et d'un grand nombre de généraux, parmi lesquels on remarquait des étrangers de distinction, est sorti de Saint-Omer le 11 à huit heures du matin.

Sa Majesté s'est dirigée vers le fort d'Enringhem, où tout était préparé pour répéter devant elle l'assaut de vive force des deux demi-lunes du fort, ainsi que le logement à établir sur ces ouvrages pour en interdir l'accès à l'assiégé et pouvoir procéder ensuite à l'attaque du corps de place.

Le fort d'Enringhem, construit sous la direction du chef de bataillon du génie Audoy, par les troupes du camp de 1826, a été considérablement augmenté par celles de cette année. On peut évaluer à plus de quatre cent mille mètres cubes de terre dans un fond de gravier, arraché avec la pioche, remué avec la pelle, chargé sur des brouettes, le travail exécuté cette année.

Cet épisode, le plus intéressant du siége par le grand nombre de feux qui se combattent, la variété des dispositions d'attaque et de défense, a été rendu avec un ensemble parfait.

Le Roi s'était placé dans le fort au saillant du bastion central, d'où Sa Majesté pouvait juger de la précision des deux attaques. Elle a plusieurs fois donné des marques de sa satisfaction.

Les demi-lunes prises et les logemens assurés, les troupes de l'assaut et de la défense se sont retirées des ouvrages, et Sa Majesté est remontée à cheval pour visiter en détail les différentes parties de la tranchée.

Le Roi s'est dirigé ensuite vers le camp. Sa Majesté a suivi le front de bandière de la deuxième division, jusqu'au grand autel qui s'élevait sur un tertre de gazon, entouré de faisceaux d'armes.

Cet autel, sculpté en pierres blanches, avec autant de goût que de simplicité, est entièrement l'ouvrage des soldats.

Le Roi est descendu de cheval à deux cents pas de l'autel, et est venu se placer à son prie-dieu. Sa

Majesté avait à sa droite S. A. R. le Prince d'Orange, et à sa gauche M. le Dauphin.

Les troupes, serrées en masse, formaient en avant un carré fermé par la cavalerie du côté opposé à l'autel.

La messe a été célébrée par un chapelain du Roi. Mgr l'évêque d'Arras remplissait les fonctions de premier aumônier.

Pendant la messe, une musique de choix, formée de l'élite de toutes celles des régimens, a exécuté des morceaux d'harmonie.

Cet autel, élevé sur le plateau de la montagne, au milieu du camp; un fils de S. Louis, prosterné à ses pieds, sous la voûte d'un ciel sans nuages, entouré d'une armée fidèle et dévouée; l'éclat des armes, le bruit des tambours, le son des clairons, tout concourait à rendre ce spectacle à-la-fois imposant et religieux.

Après la messe, le Roi a accepté de M. le comte Curial un déjeûner dans la tente élégamment décorée qui avait été dressée à cet effet.

Sa Majesté a de nouveau parcouru le front de bandière dans toute son étendue, et l'intérieur du camp. Sa Majesté a remarqué avec intérêt l'aptitude du soldat français à employer toutes les ressources mises à sa disposition, et son ardeur à exprimer par d'ingénieux emblèmes son dévouement à ses souverains. Tous ces ouvrages, sculptés en pierres extraites des carrières du pays, ont l'apparence du marbre blanc.

Les soldats, se trouvant là sans armes, ont pu faire retentir l'air des cris de *Vive le Roi!*

Sa Majesté étant revenue se placer dans sa tente, plusieurs exercices militaires ont été exécutés par des soldats.

Une alerte donnée aux troupes du camp par les tirailleurs d'une reconnaissance ennemie a mis fin à ces jeux.

Sa Majesté est remontée à cheval pour revenir à Saint-Omer, où elle était de retour à trois heures.

Après son dîner, le Roi a reçu les dames.

N° 11.

Aujourd'hui 12, à onze heures du matin, le Roi, accompagné de M. le Dauphin, s'est rendu en calèche à l'église Notre-Dame, ancienne cathédrale, pour y entendre la messe.

M.gr l'évêque d'Arras, à la tête du clergé, a reçu Sa Majesté à l'entrée de l'église, et lui a adressé la parole en ces termes :

« SIRE,

» Les respects universels, l'amour et une admiration profonde viennent d'accompagner Votre Majesté jusqu'au parvis de cette ancienne cathédrale.

» La piété et la ferveur vous y attendent au pied des saints autels, afin d'y renouveler en votre auguste présence les vœux les plus sincères, les prières les plus ardentes, qu'elles ne cessent d'offrir au Seigneur pour la gloire et la conservation d'un roi vraiment selon le cœur de Dieu.

» Successeur de M. de Chalabre dans cette partie de mon diocèse, je ne pouvais plus heureusement commencer la soixantième année de ma vie qu'en recevant dans l'église de ce pontife un prince qui daigna distinguer le dernier évêque de Saint-Omer (1).

» Sire, l'honneur que m'accorde aujourd'hui Votre Majesté va procurer à mon ministère un bien considérable. Je supplie le Roi d'en recevoir mes très-respectueuses actions de grâces.

» Puisse Votre Majesté poursuivre sa marche triomphale avec cette brillante et riche santé qui nous ravit! Et si nous avons pu répondre à ses espérances, nous la prions de conserver de nous un souvenir non moins précieux aux habitans de Saint-Omer qu'honorable et consolant pour leur premier pasteur. »

(1) M. de Chalabre, évêque de Saint-Omer, a été premier aumônier de MONSIEUR comte d'Artois.

Le Roi a répondu :

« Je reçois avec plaisir l'expression de vos senti-
» mens. Allons prier Dieu pour mon peuple. Qu'il
» soit heureux, et tous mes vœux seront comblés. »

Sa Majesté a été conduite processionnellement à son prie-dieu.

Dans le sanctuaire, à droite et à gauche du Roi, étaient M. le comte Curial, MM. les lieutenans généraux et maréchaux-de-camp. Le chœur était occupé par les autorités locales, et la nef par un grand nombre d'officiers du camp avec leurs colonels.

Les autres parties de l'église étaient remplies par les fidèles, qui s'y étaient portés en foule.

M. Deron, grand-vicaire, curé de Notre-Dame, a officié.

M.gr l'évêque a rempli les fonctions de premier aumônier.

Au moment où Sa Majesté partait de l'église, les cris de *Vive le Roi*, qui avaient été comprimés par le respect du lieu saint, ont éclaté à plusieurs reprises.

En sortant de la cathédrale, le Roi est allé visiter les travaux neufs ou le front de l'ouvrage à corne appelé le *front des Cravates*. Sa Majesté a bien voulu témoigner à M. le ministre de la guerre et à M. Prévost de Vernois, commandant du génie, sa satisfaction de la bonne exécution de ces travaux.

Le Roi s'est ensuite rendu à l'hôpital général, qu'il a parcouru et vu dans le plus grand détail, et qu'il n'a quitté qu'après avoir donné aux administrateurs et aux sœurs des marques de sa satisfaction et de sa munificence. De cet établissement, le Roi s'est transporté au front d'Arques, pour examiner le point par lequel MONSIEUR, frère du roi Louis XIV, a attaqué et pris Saint-Omer, en 1677, après la bataille de Cassel.

Sa Majesté a visité l'arsenal et a vu avec intérêt les approvisionnemens de guerre qui y sont renfermés. Elle a examiné, en sortant de l'arsenal, les ruines de la magnifique église de l'abbaye de Saint-Bertin.

De là, le Roi s'est rendu à l'hôpital militaire. Sa Majesté, avec cette bonté qui lui est propre, a daigné adresser la parole à chacun des malades, donnant des encouragemens aux uns, des consolations aux autres, des témoignages de satisfaction aux convalescens. Elle a voulu parcourir toutes les salles.

Le Roi est allé ensuite au collége.

Sa majesté a été reçue à la porte du collége par M. le préfet et M. l'abbé Joyeux, principal du collége, les membres du bureau d'administration et les professeurs. Le Roi a permis à un élève de lui adresser les vers suivans :

La voix de vos enfans voudrait se faire entendre;
Mais pour vous célébrer il faut trop de savoir ;
Et si nous vous aimons de l'amour le plus tendre,
C'est que pour vous aimer il suffit de vous voir.

Sa majesté a répondu :

« J'espère, mes enfans, que vous conserverez
» toujours ces mêmes sentimens. »

Sa Majesté a d'abord visité la chapelle ; elle a admiré ce monument, qui se restaure en ce moment par les soins de la ville et du principal du collége. On y a chanté le *Domine, salvum.*

Après avoir parcouru la maison, Sa Majesté s'est arrêtée dans le salon de M. l'abbé Joyeux, où elle a examiné dans le plus grand détail le plan en relief de l'ancienne abbaye de Saint-Bertin.

Sa Majesté a témoigné toute sa satisfaction sur la bonne tenue du collége, et s'est retirée au milieu des plus vives acclamations.

Le Roi, après son dîner, a reçu une députation de la ville de Boulogne, composée du sous-préfet, du maire et de plusieurs membres du conseil municipal.

Le soir, Sa Majesté a honoré de sa présence le bal donné par la ville. Elle était accompagnée de M. le Dauphin et de S. A. R. le Prince d'Orange.

La salle, qui forme un carré long, avait été élégamment décorée par le garde-meuble de la couronne, sous la direction de M. le vicomte de la Ferté.

Le Roi, après avoir parcouru la salle, en adressant la parole à toutes les dames, est venu prendre place au fauteuil qui lui avait été préparé sur une estrade au fond de la salle.

D'après ses ordres, le bal a commencé. Sa Majesté y est restée une heure et demie, et s'est retirée à dix heures.

N° 12.

mer.

Hier 13 septembre, le Roi, accompagné de M. le Dauphin et du Prince d'Orange, s'est rendu au-delà du village de Vizernes, pour assister à l'action que devaient simuler les troupes du camp.

Elles avaient été divisées en deux corps, composés chacun de trois brigades d'infanterie, une brigade de cavalerie, et trois demi-batteries. Le premier corps, sous les ordres du lieutenant général baron Billard, devait attaquer le camp; le second, commandé par le lieutenant général comte d'Escars, était chargé de le défendre. En conséquence, les dispositions suivantes avaient été prises.

Pendant la nuit, le premier corps avait dérobé le passage de l'Aa à l'ennemi au village d'Hallines, où il avait jeté un pont. Il avait élevé sur le plateau en avant du défilé d'Hallines une suite de redans qui lui servaient de tête de pont, et s'y était fortement établi. Le deuxième corps, averti trop tard de ce mouvement, avait occupé Vizernes, garni les redoutes qui défendent les approches du camp, et porté le gros de ses troupes sur le plateau à gauche du camp et en arrière du ravin de Vizernes, ayant son aile gauche vers Pihem et sa cavalerie en observation vis-à-vis de la droite ennemie.

Le Roi étant arrivé, une fausse attaque a commencé contre le défilé de Vizernes; et le passage ayant été forcé par les assaillans, leurs colonnes, précédées de tirailleurs, se sont avancées en plusieurs directions contre la position du camp.

Pendant ce temps leurs principales forces étaient chargées par la cavalerie du deuxième corps : mais elles la repoussaient, et leur propre cavalerie, s'étant avancée, décidait la retraite de celle de l'ennemi.

Le premier corps s'est alors formé en colonnes d'attaque, a franchi le ravin d'Hallines et pris position sur le plateau opposé. Ici s'est engagée une vive fusillade, pendant laquelle la droite du premier corps a franchi le ravin profond de Vizernes et a essayé de se déployer sur la pente opposée. Mais, le général d'Escars ayant démasqué des forces supérieures, ces troupes ont été rejetées au-delà du ravin.

Le deuxième corps a repris aussitôt l'offensive, a franchi lui-même les ravins de Vizernes et d'Hallines, et a attaqué les ouvrages de la tête du pont, dont il s'est rendu maître après une vive résistance. Le premier corps, contraint de repasser l'Aa, est allé prendre une nouvelle position sur le plateau de Visques. Pendant ce temps, le deuxième corps forçait les défilés d'Hallines et de Vizernes, qui lui étaient vivement disputés, et débouchait sur cette nouvelle position malgré les charges réitérées de la cavalerie ennemie.

La position de Visques a été immédiatement abordée, et les troupes du deuxième corps ne laissaient pas que de gagner du terrain, lorsqu'un corps embusqué dans le bois de Visques, en débouchant sur sa gauche, l'a contraint à renoncer à son entreprise et à repasser l'Aa.

Le Roi a témoigné toute sa satisfaction de l'aplomb des troupes et de la régularité des manœuvres sur un terrain extrêmement difficile. La ligne de feux avait près de trois quarts de lieue, et les marches multipliées que les troupes ont eues à faire pendant plus de quatre heures au milieu d'obstacles continuels, se sont exécutées avec beaucoup de précision et de rapidité. Les voltigeurs se sont principalement fait remarquer par leur agilité et l'intelligence avec laquelle ils profitaient de tous les accidens du terrain. On a encore été à même d'apprécier les avantages du nouveau système d'artillerie par la facilité et la promptitude avec lesquelles les batteries ont franchi des accidens de terrain que l'on avait regardés jusqu'à ce jour comme insurmontables. Tout a semblé favoriser cette grande manœuvre, qui présentait une image fidèle de la guerre. Une pluie assez forte, tombée pendant la nuit, avait préparé le terrain et abattu la poussière ; et le temps le plus propice n'a pas cessé de régner pendant cette belle journée.

Le Roi est rentré à Saint-Omer à cinq heures.

Sa Majesté est partie aujourd'hui 14, à sept heures du matin, pour Dunkerque, d'où elle doit revenir ce soir.

N° 13.

Dunkerq

Le Roi avait donné à M. le maire de Dunkerque l'espoir qu'il honorerait de sa présence cette ville, qui s'est rendue digne de cette faveur par sa fidélité à ses souverains depuis sa réunion à la France. Il était d'ailleurs à desirer qu'un roi qui prend tant d'intérêt à la prospérité de ses sujets vît par lui-même les ouvrages qui ont été exécutés pour rendre à ce port de mer l'importance qu'il avait autrefois.

Sa Majesté est partie de Saint-Omer le 14, à sept heures du matin, ayant dans son carrosse M. le Dauphin et S. A. R. le Prince d'Orange. Elle a passé pour la seconde fois à Cassel, et a pu se convaincre que l'enthousiasme que ses habitans ont fait éclater sur son premier passage, loin de s'affaiblir, s'était encore accru avec la population réunie sur ce point élevé qui domine un horizon immense.

La petite ville de Bergues, fortifiée par le maréchal de Vauban, s'était distinguée dans les préparatifs qu'elle avait faits pour recevoir son Roi. On peut dire que nulle autre ville ne l'a surpassée dans la manifestation de son amour.

Sa Majesté a suivi le canal de Bergues, qui reçoit l'eau de la grande et de la petite Moëres. Elle a vu avec d'autant plus d'intérêt ce canal, que son entretien a permis de rendre à l'agriculture une partie des marais environnans, d'une contenance de 3300 hectares, et qu'il favorise les travaux considérables entrepris par les propriétaires de ces marais pour parvenir à les dessécher entièrement.

Les populations se sont portées partout sur la route avec le même empressement, et ont, par des acclamations qui se renouvelaient sans cesse, manifesté leurs sentimens.

A l'entrée de la ville de Dunkerque, le Roi a été reçu par M. le maire, accompagné de ses adjoints et du corps municipal, et plus loin, par les autorités militaires.

La décoration des rues de Dunkerque offrait un aspect tout particulier : les maisons étaient pavoisées avec les drapeaux du port.

Sa Majesté s'est rendue d'abord à l'hôtel de la sous-préfecture, où elle n'est restée qu'un instant. Elle est allée ensuite visiter le port.

Le port de Dunkerque, l'un des plus fréquentés de France, est obstrué à son embouchure par une barre qui force lés bâtimens à attendre la marée haute pour entrer; ils sont exposés par conséquent à tous les dangers que le mauvais temps peut occasionner. Pour obvier à cet inconvénient, on a construit nouvellement un magnifique bassin de retenue qui reçoit les eaux de la mer à la marée haute, et les verse par cinq portes éclusées dans le chenal à la marée basse. Le poids de ces eaux doit produire le curage du chenal et la rupture de la barre, et rendre ainsi le port praticable aux grands navires de commerce et même à quelques bâtimens de guerre. Les eaux des canaux se réunissent à l'eau du chenal pour augmenter l'action de la chasse du grand bassin.

Le Roi a longé le canal, et est arrivé à une heure à la tête du petit pont, où Sa Majesté a été reçue par M. Becquey, directeur général des ponts et chaussées, accompagné de MM. les ingénieurs. Elle est venue se placer sous la tente qui lui avait été dressée en face des cinq écluses de chasse.

Lorsque le Roi eut vu le premier effet de l'eau sortant par les écluses avec une extrême violence, Sa Majesté s'est portée à l'extrémité de la digue, où elle a pu distinguer la longue traînée de sable que le courant entraîne au loin dans la mer.

Du bassin de retenue, où le Roi était placé, Sa Majesté a pu découvrir le sommet des dunes, lieu où le maréchal de Turenne livra bataille aux Espagnols le 14 juin 1658.

Sa Majesté est montée dans son carrosse, et a visité l'arsenal de la marine et les fortifications élevées pour la défense du port. Ensuite, en traversant la ville, elle s'est arrêtée devant l'église Saint-Éloi. Cette église est remarquable par un frontispice composé de dix belles colonnes d'ordre corinthien, que couronne un vaste fronton grec, et qui est une assez heureuse imitation du Panthéon de Rome. C'est l'ouvrage de l'architecte français *Louis*. Elle renferme le tombeau de Jean Bart, dont on voit aussi le buste sur la place Dauphine.

Le Roi, de retour à la sous-préfecture, a reçu

les autorités civiles et militaires, et MM. les officiers du 17.ᵉ régiment d'infanterie légère, commandés par M. le colonel Durye. Sa Majesté a aussi reçu les dames. Après les réceptions, elle a accepté un dîner que lui a offert la ville.

Sa Majesté est partie de Dunkerque à quatre heures et demie, et est rentrée à Saint-Omer à huit heures et demie.

N° 14.

Saint-Om

Le Roi avait assisté dans la journée du 11 à la prise des demi-lunes du fort d'Enringhem; Sa Majesté a voulu voir aujourd'hui 15 l'assaut au corps de la place. En conséquence elle s'est rendue, accompagnée de M. le Dauphin, de S. A. R. le Prince d'Orange, de M. le ministre de la guerre et d'un nombreux état-major, à midi précis, au centre de la première parallèle, où toutes les troupes de la tranchée s'étaient retirées pour laisser jouer des fourneaux de mine que l'assiégé avait établis pour sa défense. Leur explosion, qui a parfaitement réussi, a détruit les cavaliers de tranchée et une batterie de brèche. Le Roi s'est rendu ensuite au demi-bastion du Dauphin pour voir l'attaque. Un feu violent a précédé la reconnaissance de la brèche, après quoi deux assauts successifs ont été simulés et repoussés par l'assiégé, à l'aide de retranchemens intérieurs et de coupures dans lesquelles il avait préparé des matières incendiaires. Après un retour offensif infructueux de l'assiégé pour reprendre les demi-lunes, les troupes sont rentrées dans leurs ouvrages respectifs. Cet assaut a offert un spectacle du plus grand intérêt. L'action que la présence de Sa Majesté donnait aux troupes, les feux nourris de mousqueterie et d'artillerie qui se répondaient, les incendies des deux coupures se projetant, au milieu d'une épaisse fumée, sur un ciel rembruni, donnaient à cette scène un caractère et une vérité militaire qui ont frappé tous les spectateurs.

Sa Majesté a traversé de nouveau les tranchées et a voulu parcourir une seconde fois le camp en entier, avant de se rendre au tir à la cible, où les sous-officiers et soldats qui avaient obtenu des prix dans leurs divisions étaient appelés à disputer les grands prix. Le Roi a été tellement satisfait de cet exercice, qu'il a daigné remettre de sa main les prix aux soldats vainqueurs, désignés par le jury, en y ajoutant une gratification que Sa Majesté a eu la bonté d'étendre à ceux que le sort n'avait pas autant favorisés, afin de les consoler et de leur faire trouver quelque douceur dans le bonheur des autres, plaisir si bien apprécié par son cœur royal. En recevant des mains du Roi les montres d'or qui formaient les premiers prix, ces braves gens disaient, avec une émotion vive et toute militaire, qu'ils les garderaient tant qu'ils vivraient.

Le tir terminé, les trois divisions d'infanterie, ayant le général en chef à leur tête, ont défilé devant Sa Majesté, qui est ensuite remontée en calèche, et s'est rendue sur les Bruyères de Saint-Omer, où la division de cavalerie a manœuvré avec une précision et une célérité tout-à-fait remarquables. Les évolutions ont été terminées par une charge brillante, après laquelle la division a défilé.

Le Roi a fait ensuite manœuvrer les batteries d'artillerie de campagne du nouveau système; il a été extrêmement satisfait de la rapidité des mouvemens et de la célérité avec laquelle les feux ont été exécutés. Dans ces évolutions, les deux batteries d'artillerie à pied ne le cédaient en rien à la vélocité de l'artillerie à cheval; en moins d'une demi-heure elles ont exécuté sur ce vaste terrain de grands mouvemens d'ensemble, et tiré six cents coups de canon.

Pendant ces diverses manœuvres, qui ont duré plus de six heures, Sa Majesté a daigné témoigner à plusieurs reprises sa satisfaction au commandant supérieur du camp, et aux généraux des différentes armes.

Dans cette journée, qui, comme toutes les précédentes, a été favorisée par le plus beau temps, une grande partie de la population de Saint-Omer et des campagnes environnantes, avide de voir et de contempler encore son Roi, couvrait les tertres, et se portait en foule sur les pas de Sa Majesté, qui n'a quitté le champ de manœuvres qu'à six heures pour rentrer à Saint-Omer.

Enfin, pour donner une marque toute particulière de bienveillance aux troupes du camp pour l'exacte discipline qu'elles ont observée et les progrès remarquables de leur instruction, le Roi a daigné accorder à chaque corps un certain nombre de décorations. Sa Majesté a voulu remettre elle-même les croix de commandeur de Saint-Louis, les plaques de grand-officier et les croix de commandeur de la Légion d'honneur à ceux que sa bonté avait désignés pour recevoir cette faveur. En faisant ainsi des heureux, la satisfaction se peignait sur son visage. Non-seulement le Roi a parlé avec bonté à tous les militaires qui étaient à son cercle, mais il en a prolongé la durée au-delà de l'heure ordinaire, et semblait un bon père qui recule autant qu'il le peut le moment de se séparer de ses enfans.

N° 15.

Le Roi est parti le 16 de Saint-Omer, à neuf heures du matin. Les habitans de cette ville, qui pendant le séjour de Sa Majesté ont manifesté leur dévouement de tant de manières, se trouvaient sur son passage pour saluer encore une fois de leurs acclamations leur souverain bien-aimé.

L'infanterie était rangée en bataille dans les rues et sur les glacis, et la cavalerie sur la route.

Le Roi s'est arrêté en passant à Aire et à Béthune, où Sa Majesté a reçu les autorités. Ces deux villes ont rivalisé de zèle pour recevoir dignement Sa Majesté. La décoration des rues et des places, animée par une population qui ne cessait de faire éclater ses sentimens, offrait un très-beau coup-d'œil.

Le Roi est arrivé à quatre heures près de l'arc de triomphe élevé à cinq cents pas de la ville d'Arras. Sa Majesté est descendue de son carrosse de voyage pour monter dans une calèche découverte.

M. le baron d'Hauteclocque, maire d'Arras, accompagné de ses adjoitns et des membres du conseil municipal, a présenté au Roi les clefs de la ville (ce sont les mêmes que celles qui ont été présentées à Louis XV), et a adressé à Sa Majesté le discours suivant :

« SIRE,

» Quand vos enfans de l'Artois, dans l'ivresse de leur bonheur, s'empressent de déposer aux pieds de Votre Majesté l'expression de leur amour et de leur dévouement pour le plus tendre des pères, l'administration municipale d'Arras sera-t-elle assez heureuse pour exprimer à Votre Majesté combien l'auguste présence du Roi remplit de joie tous les cœurs ? Aux acclamations générales que font éclater vos fidèles Artésiens, et auxquelles se mêle la pensée qu'ils sont plus particulièrement encore vos enfans puisqu'ils ont eu le bonheur d'appartenir à Votre Majesté dès son berceau, les habitans d'Arras, les aînés de cette grande famille, osent supplier Votre Majesté d'accueillir avec bonté l'hommage de leur fidélité et de leur dévouement sans bornes.

» Daignez, Sire, recevoir les clefs de votre fidèle ville d'Arras ; tous les cœurs ici sont ouverts à la joie et au bonheur, et Votre Majesté n'y trouvera que des enfans fidèles, remplis de la plus vive piété, de l'amour le plus tendre, pour leur Roi, pour leur père. »

Le Roi a répondu :

» M. le maire, j'accepte avec beaucoup de plaisir » l'expression des sentimens de la ville d'Arras. J'ai » toujours eu une affection particulière pour cette » province, dont mon grand-père m'avait donné le » nom. Croyez que je suis profondément touché des » sentimens qui animent aujourd'hui les Artésiens. » Tout mon desir est de contribuer à les rendre » encore plus heureux, si cela est possible. »

A la première barrière, M. le comte de Courteil, lieutenant de Roi, a présenté à Sa Majesté les clefs de la place.

Le Roi a fait son entrée au bruit d'une salve de cent-un coups de canon.

Sa Majesté était escortée par la garde nationale à cheval et le 12.e régiment de chasseurs.

Les rues par lesquelles le cortége a passé étaient élégamment décorées, et les acclamations des habitans se mêlaient au bruit du canon. La garde nationale faisait la haie. Cette garde nationale, forte de cinq cents hommes à pied et d'un escadron à cheval, a été organisée pour cette heureuse circonstance avec le plus grand zèle. Le Roi en a remarqué la belle tenue.

Les portefaix avaient obtenu de M. le maire la permission d'élever dans la ville un arc de triomphe.

Ils s'y étaient rangés de chaque côté, revêtus de leurs blouses bleues, ayant des bouquets à leurs larges chapeaux. Ils ont salué le Roi à son passage par de vives acclamations, en agitant leurs chapeaux.

Plus loin, un arc de triomphe élevé devant l'hospice des Orphelins offrait un spectacle touchant. Sur le sommet de cet arc était le buste du Roi, autour duquel les jeunes orphelins agitaient des drapeaux blancs; et sur le devant on lisait ces mots: *Nous étions orphelins.*

Sa Majesté en a paru vivement émue.

Le Roi est descendu à l'hôtel de la préfecture, où de jeunes demoiselles ont eu l'honneur de lui offrir une corbeille de fleurs.

Sa Majesté a reçu immédiatement les autorités.

Après son dîner, le Roi s'est rendu à la salle de spectacle. On a joué *Adolphe et Clara* et les *Voitures versées.*

Entre les deux pièces, le chant français *Vive le Roi, vive la France,* chanté avec beaucoup d'ame, a produit un enthousiasme général.

Les plus vifs acclamations ont accueilli le Roi à son entrée, à sa sortie et sur son passage.

Sa Majesté est rentrée à onze heures au palais de la préfecture.

Le Procureur général de la Cour royale de Douai.

« SIRE,

» En parcourant le ressort de sa cour de Douai, Votre Majesté a répondu aux hommages et aux acclamations de ses sujets par d'éclatantes marques de son active sollicitude pour leur bonheur.

» Rappeler aux magistrats qu'ils exercent votre justice, c'était, Sire, leur rendre sensible l'importance de leurs devoirs; et en même temps Votre Majesté, toujours bienveillante, daigne leur en faciliter l'accomplissement par le prix qu'elle y met. La bonne administration de la justice deviendra un gage de leur amour pour le Roi : quel puissant motif d'émulation pour des Français! Cette grande et paternelle pensée vivra, Sire, comme un heureux souvenir, dans le cœur des magistrats de ce ressort; elle les inspirera dans leurs délibérations et en garantira la sagesse. »

LE ROI a répondu :

« Je reçois avec grand plaisir l'expression de tels
» sentimens. Je suis charmé de vous revoir; j'espère
» que tous les magistrats du ressort de la cour de
» Douai se ressouviendront de ce que je leur ai dit.
» Ils ont de grands devoirs à remplir; et en les rem-
» plissant comme de bons Français et des magistrats

» doivent le faire, ils travaillent pour la prospérité » de la monarchie. »

M. Thelliers de Sars, Président du Tribunal civil.

« SIRE,

» Au milieu de cette joie universelle, de cette ivresse générale qu'inspire la présence de Votre Majesté dans la capitale de l'Artois, qu'il est précieux pour les magistrats de votre tribunal de première instance d'Arras d'être admis auprès de votre personne sacrée, et de venir déposer à vos pieds le tribut de leur profond respect et de leur amour! Ils n'oublieront jamais ces trop courts instans de bonheur où il leur a été permis d'exprimer à Votre Majesté leur entier dévouement et leur inviolable fidélité.

» Permettez-moi d'ajouter, Sire, que nous oserons toujours compter sur vos bontés, heureux de trouver dans notre bien-aimé souverain le prince auguste, protecteur né de cette province, que nous avons depuis long-temps la douce habitude de chérir et de respecter.

» Puisse le ciel exaucer, pour la gloire et le bonheur de la France, les vœux que nous lui adressons pour Votre Majesté! »

Le Roi a répondu :

« J'ai porté long-temps le nom de l'ancienne » province d'Artois. Je conserve pour ses habitans » les sentimens qui ont été gravés dans mon cœur » dès ma tendre jeunesse. Quant à vous, Messieurs, » vous êtes sûrs de mériter mes bontés et ma bien- » veillance en remplissant vos devoirs avec cette » exactitude qui convient à des magistrats et cette » fidélité qui convient à des sujets. »

M. le Président du Tribunal de commerce.

« Sire,

» Organe des sentimens d'amour, de respect et de fidélité du tribunal de commerce, je viens en déposer aux pieds de Votre Majesté le respectueux hommage.

» L'exposition solennelle dans votre palais même des produits de nos arts et de notre industrie, de nouveaux débouchés ouverts à nos exportations, des changemens médités pour l'amélioration de nos institutions commerciales, partout sur votre passage nos établissemens manufacturiers honorés de votre visite et de vos encouragemens, le desir de vous assurer par vous-même et de nos besoins et de nos progrès, attestent l'auguste protection que Votre Majesté daigne accorder au commerce.

» Dans son intérêt, nous nous faisons un devoir de signaler particulièrement l'urgence des travaux importans que réclame l'état actuel de la Scarpe.

» Admis par vous, Sire, à juger les débats auxquels peuvent donner lieu les transactions commerciales, nous nous nous efforcerons de maintenir la bonne foi qui doit en être la base, et cette loyauté dont le noble caractère de Votre Majesté offre à tous vos sujets le modèle le plus parfait.

» *Vive le Roi, vivent les Bourbons!* »

Le Roi a répondu :

« Je reçois avec grand plaisir l'expression de vos
» sentimens. Personne ne prend plus d'intérêt que
» moi au commerce de mon royaume. J'ai déjà fait
» bien des choses pour accroître sa prospérité. J'en
» ferai peut-être encore davantage, autant que la
» dignité de ma couronne et le bonheur de mes
» sujets me le permettront. Continuez, Messieurs,
» à me servir avec le même zèle, à protéger le com-
» merce dans cette ville importante par ses manu-
» factures, et soyez sûrs de mériter mes bontés et
» ma bienveillance. »

M. le Maire, à la tête du Conseil municipal.

« SIRE,

» Dans cette province fidèle, comme dans toute la France, tous les cœurs s'élancent vers Votre Majesté, et le mémorable événement de l'auguste présence du Roi dans nos murs remplit toutes nos ames des sentimens de la plus vive reconnaissance. Daignez, Sire, accueillir avec bonté l'hommage de l'amour et du dévouement du conseil municipal d'Arras, organe fidèle des habitans de cette cité.

» Daignez, Sire, compter la ville d'Arras, la capitale de votre ancienne province d'Artois, au nombre de vos bonnes villes. Heureuse et fière de posséder son Roi, les cris de l'allégresse générale, et le bonheur répandu partout en cette journée, dont le souvenir précieux vivra éternellement, témoignent l'attachement que cette ville porte à Charles X le bien-aimé.

» Permettez-nous, Sire, de laisser éclater nos transports, et de dire, de répéter toujours dans l'effusion de nos cœurs : *Vive notre bon Roi! vive Charles X le Bien-aimé!* »

LE ROI a répondu :

« C'est la première fois de ma vie que j'ai pu

» visiter la ville d'Arras. Je suis très-sensible à » l'accueil que j'en reçois. Le plaisir que j'éprouve » de me trouver au milieu de sujets dévoués tels » que vous restera à jamais gravé dans mon cœur. » Si vous gardez le souvenir du séjour que j'aurai » fait dans vos murs, croyez que mon cœur s'en » ressouviendra également. »

N° 16.

ras.

Le 17, à onze heures, le Roi est allé entendre la messe à l'église de Saint-Vaast.

Cette église, destinée à devenir la cathédrale du diocèse, n'est point achevée. Les autres églises étant trop petites, on l'a disposée de manière à y établir la séance du Roi.

Une foule innombrable, rangée des deux côtés du superbe péristyle formé de plusieurs étages de degrés, a accueilli le Roi par des acclamations qui se sont répétées jusqu'à l'entrée de Sa Majesté sous le portail, où elle a été reçue par M.gr l'évêque, qui l'a complimentée en ces termes :

« Sire,

» La ville d'Arras voit avec autant de reconnaissance que de consolation Votre Majesté venir inaugurer, en quelque sorte, par son auguste présence, un édifice dont l'achèvement est l'objet bien ancien de ses desirs. Privée de cathédrale depuis les jours mauvais que nous ne rappelons qu'avec une douleur profonde, ne jouissant que de très-petits oratoires pour la célébration des saints mystères, elle conçoit aujourd'hui l'espérance de voir enfin terminer une basilique si digne du reste de figurer au nombre des plus belles de votre royaume.

» Pénétrez, Sire, sous les voûtes de ce temple vraiment magnifique; elles ont retenti jusqu'à ce jour des justes éloges donnés à votre bonté presque céleste, et surtout à ces grâces si touchantes qui vous assurent tous les cœurs : elles répéteront désormais à vos fidèles Atrébates que Charles X n'est pas moins pieux que ne fut excellent pour eux M.gr le comte d'Artois.

» Fils de S. Louis, avancez jusqu'au pied de l'autel du fils de Dieu; l'Éternel vous y attend : il veut, par un bienfait tout spécial de miséricorde sur ce diocèse, vous montrer à mes ouailles comme le modèle le plus accompli de la piété et de la ferveur. »

Le Roi a répondu :

« Je me trouve heureux d'assister pour la pre-

» mière fois dans cette église au service divin. Je » desire que les grâces que nous demanderons à » Dieu et pour vous et pour tout le diocèse soient » exaucées. Demandons-les lui avec cette confiance » qui jamais ne manque vis-à-vis du Très-Haut. »

Sa Majesté a été conduite processionnellement à son prie-dieu.

Les autorités civiles et militaires, les membres du tribunal civil et du tribunal de commerce occupaient les deux côtés du chœur.

La nef et les bas-côtés pouvaient à peine contenir le grand nombre de personnes qui s'y étaient portées. Les voûtes de l'église ont plusieurs fois retenti de leurs acclamations.

En sortant de la cathédrale, le Roi est allé visiter la belle manufacture de sucre de betteraves de M. Crespel.

Dans la cour de cet établissement se trouvait réunie la famille de Therry, de la commune de Gouy-sous-Belorme, qui se compose de dix garçons, et à laquelle le Roi accorde annuellement des secours. Ils ont exprimé leur reconnaissance par les cris de *vive le Roi*; et M. Leroux-Duchâtelet, député de l'arrondissement, a été leur organe auprès de Sa Majesté.

De là le Roi est allé sur l'esplanade passer en revue le 12.e régiment de chasseurs, commandé par

M. le comte de Maillé, et s'est transporté à la citadelle, où une tente élégante avait été dressée pour le recevoir sur le saillant du bastion dit de la Reine, d'où Sa Majesté pouvait jouir le plus avantageusement du spectacle militaire qui lui avait été préparé par le 1.er régiment du génie, sous les ordres de M. le colonel Thiébault. On avait exécuté sur le terrain tous les travaux d'attaque d'un des fronts de la citadelle. Il y a eu successivement treize explosions tant de fougasses que de fourneaux et de globes de compression, qui ont pu donner au Roi une idée de la guerre souterraine, dont l'action est si puissante dans les siéges. L'assiégeant et l'assiégé ont successivement cherché et réussi, l'un à crever les rameaux de mines de son adversaire, l'autre à faire sauter les travaux dont on couronnait les entonnoirs produits par les diverses explosions. Le Roi, qui demandait des explications à M. le lieutenant général vicomte Rognat, inspecteur général du génie, et à M. le comte Thiébault, a paru très-satisfait de ce spectacle, qui aurait été beaucoup plus animé si le 1.er régiment du génie, dont la plus grande partie est au camp de Saint-Omer et y a joué un rôle si distingué, avait pu fournir assez d'hommes pour simuler en même temps une petite guerre. Sa Majesté a ensuite examiné avec attention le plan général de la place et citadelle d'Arras, sur lequel le colonel de Missy, directeur des fortifications, et le lieutenant-colonel Cournault, ingénieur en chef, ont eu l'honneur de donner au Roi, sur les travaux qu'on y exécute et qu'on y projette, des explications qu'il a écoutées avec beaucoup d'intérêt. Un beau ciel ajoutait à l'éclat de cette scène militaire.

Le Roi, accompagné de M. Thévenot de Saint-Blaise, son premier chirurgien ordinaire, a ensuite visité dans le plus grand détail le bel établissement qui renferme les différens hospices de cette ville, et a témoigné sa satisfaction de l'ordre et de la bonne administration qui règnent dans les services.

En traversant l'une des salles, Sa Majesté a reconnu sur le lit d'un vieillard âgé de 94 ans l'ancien uniforme du régiment de Poitou, et a daigné adresser à ce vieux et fidèle serviteur les témoignages d'un vif intérêt. Ce respectable vieillard fondait en larmes, et le Roi paraissait vivement ému.

Dans la partie consacrée à recevoir les militaires, Sa Majesté s'est informée, près de M. le chirurgien en chef, des causes et de la nature des différentes maladies; et, adressant la parole à chacun des malades, a donné aux uns des encouragemens et aux autres des consolations.

Le Roi a terminé une matinée si bien employée par la visite de la fonderie et des ateliers de construction de M. Hallette, mécanicien distingué

On a coulé en présence du Roi le buste de Sa Majesté et d'autres objets en fonte. Une auréole de gaz a paru au-dessus du buste au moment où la matière coulait dans le moule.

Le Roi a parcouru successivement tous les ateliers, examinant avec beaucoup d'attention les diverses machines, qui étaient mises en mouvement au moyen de la vapeur.

Sa Majesté est revenue ensuite à l'endroit où son buste avait été coulé, et où une surprise lui avait été ménagée.

Déjà son buste était retiré du moule et placé sur son piédestal, où on lisait cette inscription : *A Charles l'industrie reconnaissante.*

A la vue de cette ressemblance parfaite des traits d'un monarque chéri, les cris de *vive le Roi, vive Charles X*, ont éclaté de toutes parts.

Sa Majesté a daigné témoigner aux chefs de ce bel établissement toute sa satisfaction. Elle a laissé aux ouvriers de M. Hallette, comme à ceux de M. Crespel, des marques de sa munificence.

Il est inutile de répéter que partout, sur le passage du Roi, les fidèles Artésiens ont manifesté le plus vif enthousiasme.

Sa Majesté est rentrée à quatre heures et demie au palais de la préfecture.

Après son dîner, le Roi a honoré de sa présence

le bal donné par la ville dans la vaste salle de la bibliothèque, qui était ornée avec beaucoup d'élégance par les soins du garde-meuble de la couronne.

Les illuminations de la ville étaient très-brillantes. On remarquait surtout en face de l'évêché un temple illuminé en verres de couleur.

Demain Sa Majesté part pour Amiens à sept heures et demie du matin.

N° 17.

ıiens. Le 17 le Roi est parti d'Arras à sept heures et demie du matin.

Sa Majesté a reçu à sa sortie les mêmes honneurs que dans toutes les villes où elle a couché. M. le comte Rivaud de la Raffinière, lieutenant général commandant la 15.e division militaire ; M. le baron Ducasse, commandant le département ; M. le marquis de Villeneuve, préfet de la Somme, et M. Dauzet, secrétaire général, attendaient le Roi à la limite des départemens du Pas-de-Calais et de la Somme.

M. le préfet a eu l'honneur de complimenter Sa Majesté en ces termes :

« SIRE,

» Votre Majesté entre dans son département de

la Somme : les vœux des habitans de cet heureux pays sont comblés ; et c'est comme interprète de tous que je viens déposer aux pieds de notre souverain l'hommage du respect, du dévouement et de l'amour d'une population nombreuse qui jouit avec ivresse du bonheur de voir son Roi au milieu d'elle.

» En parcourant cette province, qui s'est distinguée dans tous les temps par son attachement à l'auguste famille des Bourbons, Votre Majesté verra tous les cœurs se presser sur ses pas, et appeler les bénédictions du ciel sur le père de la France.

» Oui, Sire, je le dis avec cette franchise qui caractérise les Picards, et qui n'est point étrangère dans la bouche d'un Provençal : Votre Majesté n'a pas de sujets plus fidèles, plus dévoués et plus soumis que les habitans du département de la Somme.

» Daignez, Sire, accueillir avec bonté les témoignages des sentimens qu'ils éprouvent en contemplant les traits du meilleur des Rois, et jeter sur eux un de ces regards bienveillans qui sont pour des Français la plus douce des récompenses. »

SA MAJESTÉ a répondu « qu'elle agréait l'expression de ces sentimens, et qu'elle entrait avec » grand plaisir dans le département de la Somme. »

Le Roi a continué sa route, en s'arrêtant aux arcs de triomphe élevés sur son passage, et dans la

8..

ville de Doullens, où Sa Majesté a admis les autorités locales à lui présenter leurs hommages. Les populations des campagnes, qui s'étaient portées sur ces points, ont exprimé par des acclamations réitérées les sentimens qui les animent pour leur monarque bien-aimé.

A midi et demi le Roi est arrivé à l'arc de triomphe de la ville d'Amiens, où se trouvait M. Daveluy Bellancourt, maire de la ville, accompagné de ses adjoints et des membres du conseil municipal. Sa Majesté était en calèche découverte.

M. le maire, en présentant au Roi les clefs de la ville, a porté la parole en ces termes :

« SIRE,

» Nous avons l'honneur de mettre aux pieds de Votre Majesté l'hommage du profond respect, de la fidélité et de l'amour des habitans de sa bonne ville d'Amiens, et de lui apporter les clefs de cette antique cité, berceau de la monarchie, connue par son attachement à la couronne des lis.

» Sire, ces sentimens, que nous avons hérités de nos ancêtres, sont profondément gravés dans nos cœurs.

» C'est avec une joie inexprimable que nous renouvelons l'hommage au petit-fils de S. Louis

et de Henri IV, à notre bien-aimé Roi Charles X.
» *Vive le Roi!* »

Le Roi a répondu :

« J'accepte avec grand plaisir l'expression des » sentimens de la ville d'Amiens. Je sais com- » bien, dans toutes les circonstances, sa conduite » a été sage et courageuse. Je suis charmé, Mon- » sieur, de vous voir à la tête de la municipa- » lité. »

Les forts de la halle avaient commencé à dételer les chevaux de la voiture du Roi; mais Sa Majesté n'a pas voulu le leur permettre : ils ont suivi la calèche.

L'escorte était formée par la garde nationale à cheval et le 4.e régiment de cuirassiers, qui étaient allés au-devant de Sa Majesté.

M. Chabron de Solhihac a eu l'honneur de présenter les clefs de la place.

Une salve de cent-un coups de canon a annoncé l'entrée du Roi dans la ville.

Une population nombreuse qui garnissait les glacis, les remparts, et qui se pressait dans toutes les rues, n'a cessé de faire entendre de vives acclamations.

La garde nationale à pied, forte de quinze cents

hommes, formait la haie jusqu'au palais de la préfecture, où Sa Majesté est descendue.

Elle a agréé l'hommage d'une corbeille de fleurs que de jeunes demoiselles de la ville lui ont présentée.

Quelques momens après son arrivée, le Roi a reçu les diverses autorités civiles et militaires.

M. Demonchy, Président de chambre, en l'absence de M. le marquis de Malleville, premier Président,

« Sire,

» Votre cour d'Amiens desirait depuis long-temps présenter à Votre Majesté l'hommage de son respect, de son amour et de son dévouement.

» O jour heureux, où le bon Roi vient connaître en personne les besoins et les vœux de ses peuples, où le peuple salue le monarque par des transports d'amour et de reconnaissance!

» Oui, Sire, votre personne sacrée est chère à vos sujets; votre présence électrise les ames, enflamme les cœurs, rallie les opinions. Image de Dieu sur la terre, la majesté royale apparaît pleine de gloire; source des pouvoirs, elle se multiplie par des bienfaits.

» Sire, la justice, émanation du pouvoir royal,

nous est confiée pour être distribuée en votre nom: nous acquittons cette dette sacrée avec zèle.

» Puissent nos efforts et notre application à nos devoirs en obtenir la récompense la plus précieuse, en recevant de la bouche même de Votre Majesté l'assurance de sa satisfaction et de sa bienveillance! »

LE ROI a répondu :

« Je reçois avec grand plaisir l'expression des
» sentimens de ma cour royale d'Amiens. Vous avez
» bien raison de dire que c'est en exécutant les
» lois avec toute l'impartialité qui convient à la jus-
» tice, que vous vous rendez de plus en plus dignes
» de ma confiance. La justice est le premier devoir
» des rois : j'ai remis le soin de l'exercer à des ma-
» gistrats qui sont dignes de la rendre en mon nom.
» Continuez avec le même zèle, et soyez sûrs que
» vous trouverez toujours en moi un appui, comme
» je suis assuré de trouver en vous des sujets fidèles
» et dévoués, qui ne peuvent oublier que c'est de
» moi qu'ils tiennent leur pouvoir, et que leur de-
» voir est d'en faire un bon usage, en accoutumant
» mes sujets à l'obéissance aux lois et à cet amour
» qui est si cher à mon cœur. Je suis vivement tou-
» ché des transports qu'ils font éclater et dont je me
» sens digne par mes efforts constans pour les rendre
» heureux. Je gouvernerai toujours mon peuple

» dans cet esprit autant que la Providence m'en
» donnera les moyens. »

M. Morgan de Béthune, Procureur général.

« SIRE,

» Ce sont vos gens.

» Vous voyez à leur tête un vétéran de la légitimité. Nos cœurs battront pour elle jusqu'à leur dernier soupir.

» Sire, la présence de Votre Majesté si éminemment française manquait à notre plus parfait bonheur.

» Nous venons protester à vos pieds de notre zèle pour le bien de la justice et le maintien des principes religieux et monarchiques. Nous n'ignorons pas que c'est le meilleur moyen de donner à Votre Majesté des gages certains de notre dévouement, de notre amour, de notre soumission. Daignez, Sire, en agréer avec bienveillance l'hommage respectueux. »

LE ROI a répondu :

« Je reçois avec plaisir l'expression de vos senti-
» mens. Continuez à me servir avec le même zèle,
» à faire obéir aux lois qui nous gouvernent, et que

» je maintiendrai tant qu'il me restera un souffle de » vie. »

M. l'Évêque d'Amiens.

« SIRE,

» Si le clergé n'est pas le premier dans l'ordre de la présentation, il l'est et le sera toujours par ses sentimens comme par la nature de ses fonctions.

» Croyez, Sire, que le plus beau jour de ma vie est celui où j'ai l'honneur de vous présenter le clergé de ma ville épiscopale.

» Votre bonne ville d'Amiens est à elle seule pour son clergé un éloge toujours subsistant : il n'est pas étranger au bon esprit qui y règne; il ne l'est pas aux sentimens qui animent ses habitans en voyant le meilleur des Rois.

» Dans cette ville, tout établissement religieux et utile à l'humanité prospère, et tous ceux de ce genre qui y manquent s'y établiront sous les auspices de Votre Majesté, et sous les yeux des administrateurs éclairés et religieux dont le choix parmi nous est un bienfait de Votre Majesté.

» Quant à moi, Sire, mon bonheur a commencé avec la restauration, puisque c'est à cette époque que j'ai eu l'honneur d'approcher de votre personne. Depuis ce temps, j'ai été comblé de vos bienfaits, de ceux de votre famille. Dieu seul connaît ma reconnaissance : elle est presque aussi grande que mes devoirs sont étendus. »

LE ROI a répondu :

« Croyez, M. l'évêque, que je reçois avec grand » plaisir l'expression de vos sentimens. Je sais combien vous m'êtes attaché, combien vous mettez de » zèle à l'accomplissement des grands devoirs qui » vous sont imposés, et que vous êtes secondé par » un clergé dévoué et fidèle. J'espère que Dieu vous » bénira, et que vos prières me donneront la force » qui m'est nécessaire pour remplir moi-même mes » devoirs. C'est là l'objet de mes vœux : puisse la » Providence les exaucer ! »

M. Caumartin, Président du Tribunal civil.

« SIRE,

» Fidèle aux traditions de S. Louis, Votre Majesté manifeste en toute occasion son zèle pour cette justice impartiale, sauvegarde de tous les biens et de tous les droits, et elle la reconnaît pour sa première dette envers ses peuples.

» Chargés de l'acquitter en son nom dans cet arrondissement, heureux si la manière dont nous remplissons ses généreuses intentions est pour quelque chose dans les témoignages d'attachement et de reconnaissance qui de toutes parts s'adressent à son auguste personne !

» Plus heureux, Sire, si ces marques si franches de dévouement, que vous pouvez apprécier aujourd'hui par vous-même, ramènent votre ame à cette confiance, à cet abandon, qui, à votre avénement, combla tous nos vœux et semblait porter à votre cœur paternel de si douces jouissances !

» Pour nous, Sire, plus que jamais confians en votre bienveillance, pleins d'espérance en cette sollicitude pour nos intérêts, en ce desir de tout savoir, qui vous font visiter nos provinces, nous serons toujours empressés de justifier par nos services, et comme citoyens et comme magistrats, ces protestations de fidélité dont nous avons aujourd'hui le bonheur de faire hommage à Votre Majesté. »

Le Roi a répondu :

« Je reçois avec grand plaisir l'expression de » votre amour et de votre fidélité. Je trouve et je » trouverai toujours dans mon peuple les vrais » sentimens qui m'ont accueilli au moment où la » Providence m'a placé sur le trône. Vous n'ou- » blierez jamais, Messieurs, que vous êtes les offi- » ciers du Roi, choisis par lui pour rendre la justice » avec cette fermeté et cette fidélité que vous

» devez à votre souverain et au peuple que je gou-
» verne. »

M. le Président du Tribunal de commerce.

« SIRE,

» Le tribunal de commerce de votre bonne ville d'Amiens, admis à l'honneur de déposer aux pieds de Votre Majesté l'hommage de son amour et de son respect, ne saurait trouver d'expressions suffisantes pour témoigner la reconnaissance que mérite une faveur aussi insigne et dont il sent tout le prix.

» Les sentimens que chacun de nous éprouve pour votre personne sacrée sont ceux, non-seulement de la classe des commerçans, que nous représentons, mais encore de toute la population de notre industrieuse cité.

» En effet, Sire, comment pourrait-on méconnaître la sollicitude paternelle de Votre Majesté ? Aussi, aux époques les plus prospères, est-ce à Votre Majesté que nos nombreux ouvriers, cette partie si intéressante de nos concitoyens, qui ne demande que du travail, attribuent l'aisance dont ils jouissent ; de même dans les momens de crises commerciales, dont Votre Majesté adoucit les effets quand elle n'a pu les prévenir, ces bons ouvriers supportent les privations presque sans murmures, t toujours avec la certitude qu'il ne tient pas aux oins de Votre Majesté de les faire cesser.

» Sire, que Votre Majesté daigne permettre à des Amiénois de lui dire que si la bonté et toutes les vertus qui font le plus bel apanage des souverains ont héréditaires dans l'auguste famille des Bourbons, la fidélité, la franchise et la sincérité forment e caractère distinctif des Picards.

» *Vive le Roi !* »

Le Roi a répondu :

« Je connais les sentimens qui animent les Picards. J'ai été à même de les apprécier dans des momens bien critiques. Je sais qu'ils n'ont pas changé. Je porte le plus grand intérêt au commerce : soyez sûrs que je ferai tout ce qui dépendra de moi pour le faire fleurir de plus en plus. Mais en même temps je jouis de voir que, malgré des embarras momentanés, il s'est beaucoup accru depuis quelques années. »

M. le Maire, à la tête du Corps municipal, en offrant à Sa Majesté les deux couples de cygnes, présent de la ville.

« Sire,

» Le maire et le corps municipal d'Amiens viennent, en ce jour heureux et mémorable, offrir respectueusement à Votre Majesté, pour gage de la fidélité et du dévouement des habitans de cette ville pour sa personne sacrée, un hommage que leurs ancêtres ont souvent offert aux illustres aïeux de Votre Majesté, que daignèrent accepter le juste Louis XII, surnommé le père du peuple; le vaillant et bon Henri IV; le grand roi Louis XIV; le sage et bien-aimé Louis XVIII, dont la mémoire est dans tous les cœurs.

» Nous supplions Votre Majesté de l'agréer avec cette bonté qui lui est si naturelle, et dont elle nous donne un si éclatant témoignage.

» Puissent ces cygnes rappeler souvent et longtemps au cœur royal de Votre Majesté, qui se plaît tant à faire des heureux, le bonheur dont elle daigne combler aujourd'hui ses fidèles sujets d'Amiens! »

LE ROI a répondu:

« M. le maire, si les habitans de cette bonne ville » trouvent quelque douceur à me voir dans leurs » murs, j'éprouve un plaisir bien vif à me trouver » au milieu d'eux. Je n'oublierai jamais que, dans » les circonstances malheureuses que nous avons » traversées, la ville d'Amiens s'est distinguée par » sa fidélité, sa sagesse et la constance de ses senti-

» mens. Ce souvenir est gravé dans mon cœur.
» Croyez que tout ce que je pourrai faire pour
» augmenter son bonheur sera pour moi une bien
» douce satisfaction. »

Le Conseil royal de l'Université.

« SIRE,

» L'académie universitaire, l'école secondaire de médecine et le collége royal d'Amiens, viennent déposer aux pieds de Votre Majesté leur tribut de respect et de fidélité sans bornes. Les différens cours d'études, suspendus par les vacances, vont bientôt se rouvrir sous ses auspices ; et ses regards pleins de bonté, encourageant aujourd'hui les efforts des maîtres, préparent pour les élèves de nouveaux succès, utiles à la science, à la religion et à l'État. Telle aux premiers rayons de la monarchie renaissante l'université se sentit replacée sur sa base antique avec le trône légitime de ses premiers fondateurs. Destinés aujourd'hui à continuer l'ouvrage de ses anciens maîtres aussi vertueux que savans, mais avec des moyens plus grands et dans un vaste ensemble, les chefs et les fonctionnaires du corps enseignant transmettront sans obstacle aux générations naissantes un respectueux attachement au culte des saints autels, avec le dépôt des saines doctrines ;

ils maintiendront les études au niveau des progrès de l'esprit humain et des connaissances acquises sous votre règne heureux et paisible. Mais pour entretenir dans les jeunes cœurs l'admiration et l'amour dus au meilleur des princes, il suffira de leur retracer les traits de sa bonté ineffable, de laisser parler cette France enorgueillie des bienfaits de son Roi, étalant aux regards des nations étonnées toutes les richesses de l'industrie, des arts et de la science. Ils sentiront comme d'eux-mêmes, ces nombreux élèves, combien ils sont redevables à la Providence pour les avoir fait naître sous des lois si douces, sous cet empire de nos Bourbons, qui fut et sera encore si long-temps celui de la gloire et des plus beaux jours de la patrie. »

LE ROI a répondu :

« Continuez vos travaux dans le même esprit : » vous pouvez être sûrs d'acquérir de nouveaux » titres à ma confiance et à mes bontés. L'instruc» tion des jeunes gens est la chose la plus importante » de l'État. Il ne s'agit pas du règne d'un jour, mais » de l'avenir : c'est de la jeunesse que nous devons » l'attendre. Je ne puis qu'encourager le zèle que » vous apportez à remplir vos devoirs ; le fruit que » vous en recueillerez sera votre récompense. »

M. le Président de la Chambre de commerce.

« SIRE,

» La chambre de commerce d'Amiens vient déposer aux pieds de Votre Majesté l'hommage de son respect, de son amour et de son inaltérable dévouement.

» Déjà dans le cours de ce voyage, qui sera pour nos départemens du nord une époque à jamais mémorable, Votre Majesté a daigné adresser aux tribunaux, aux chambres de commerce et aux commerçans qui, à quelque titre que ce soit, ont eu le bonheur de l'approcher, des paroles qui resteront gravées dans tous les cœurs.

» Partout elles ont ranimé l'espérance : encouragés par l'intérêt dont Votre Majesté leur a prodigué des marques si touchantes, le commerce et l'industrie se préparent à de nouveaux efforts.

» Le canal auquel S. A. R. M.gr le Duc d'Angoulême a daigné permettre que son nom fût donné, lui procurera d'importans débouchés ; mais, pour en assurer le succès, les commerçans de cette cité sollicitent l'établissement d'un entrepôt dans leurs murs.

» Si Votre Majesté, dans sa sagesse, trouve utile d'en accorder aux villes de l'intérieur, la ville d'Amiens, eu égard à ses anciennes opérations commerciales, auxquelles elle a dû une longue prospérité, supplierait Votre Majesté de reconnaître les droits qu'elle aurait de participer à cette faveur.

» Pour nous, Sire, pleins de confiance dans la royale protection que Votre Majesté assure au commerce, nous nous occuperons sans relâche de faire connaître ses besoins à votre gouvernement, et de lui indiquer tout ce que nous croirons pouvoir contribuer à sa prospérité. »

LE ROI a répondu :

« Je reçois avec grand plaisir l'expression de vos
» sentimens. La demande que vous formez a déjà
» passé sous mes yeux. Je l'ai examinée avec tout
» l'intérêt qu'elle mérite ; mais il faut encore que
» cet examen soit plus approfondi. J'attache un
» intérêt d'autant plus grand au commerce, qu'il
» contribue beaucoup au bonheur des peuples.
» Nous devons sans doute profiter des circonstances
» qui peuvent favoriser ses développemens ; mais il
» faut procéder avec cette prudence qui assure le
» succès : car souvent, en voulant trop entreprendre,
» on rencontre des obstacles. Tous mes efforts ten-
» dent à faire fleurir de plus en plus le commerce
» français, et j'espère y parvenir. »

Le Président de la Société médicale d'Amiens.

« SIRE,

» La société de médecine, chirurgie et pharmacie d'Amiens, vient déposer aux pieds de Votre Majesté son tribut de respect et d'amour.

» Sire, la société de médecine d'Amiens s'occupe de répandre dans les campagnes les découvertes utiles à l'humanité : elle travaille à la propagation de la vaccine; les médecins et les chirurgiens des hôpitaux, ceux qui font la médecine des pauvres dans cette cité, lui appartiennent; elle compte parmi ses correspondans les médecins des épidémies; elle est fréquemment consultée par les administrations sur tous les objets de salubrité publique.

» Vous nous pardonnerez, Sire, de vous dire le peu de bien que nous nous efforçons de faire. Nous desirons tant obtenir de Votre Majesté un regard de bienveillance ! Notre confiance est grande : nous vous avons parlé des maux de vos sujets, et votre cœur, l'histoire le redira, voudrait les soulager tous. »

LE ROI a répondu :

« Je partage de tout mon cœur les sentimens que » vous m'exprimez. Redoublez de zèle dans l'exer-

» cice des fonctions qui vous sont confiées, et croyez » que plus vous en ferez pour le soulagement de » l'humanité, plus vous acquerrez de droits à ma » bienveillance. »

M. le Président de l'Académie des sciences.

« Sire,

» Attendu avec impatience, contemplé avec attendrissement, objet d'un culte trop tôt interrompu par de vifs regrets, tempérés toutefois par les plus doux souvenirs, ainsi voyage dans ses états un bon roi, dont la présence double la félicité du peuple soumis à son empire.

» Sire, l'académie des sciences, agriculture, commerce, belles-lettres et arts de la ville d'Amiens, a trouvé dans votre voyage le sujet d'un prix qu'elle décernera, cette année, le jour de votre fête. L'heureux poète qui aura le mieux représenté notre bien-aimé monarque, content d'être au milieu de sujets qui le chérissent comme un père; qui aura su peindre fidèlement leur concours nombreux, les transports de leur vive allégresse, les émotions de votre cœur paternel, votre langage inspiré par une haute sagesse et une extrême bonté; celui-là obtiendra la palme qui comblera ses vœux.

» Tel est, Sire, l'hommage que l'académie, animée du desir de vous plaire, s'empresse de vous offrir ; et il lui tarde de posséder le monument qu'elle veut élever à vos vertus, comme un témoignage de son respect, de son amour et de sa fidélité pour votre personne sacrée, et comme une marque éclatante de son inviolable attachement à son auguste famille, qui toujours a fait et fera toujours le bonheur de la France. »

LE ROI a répondu :

« Je reçois avec grand plaisir l'expression des » sentimens de l'académie. Je ne mérite sans doute » pas de tels éloges ; mais s'ils peignent l'amour que » je porte à mes sujets et le desir que j'ai de les » rendre heureux, ils exprimeront les sentimens » qui sont gravés dans mon cœur. »

M. le Maire, en présentant à Sa Majesté les Administrateurs des hospices, les membres du Bureau de bienfaisance et la Commission des prisons.

« SIRE,

» Au milieu des transports d'allégresse que la présence de Votre Majesté excite dans tous les rangs, et jusque dans les asiles de l'indigence et de la douleur, c'est pour les administrateurs des hospices, les membres du bureau de bienfaisance et la commission des prisons, un devoir bien doux à remplir, de présenter à Votre Majesté l'hommage de leur respect et de leur dévouement.

» Ils mettent tout leur zèle à seconder les vues paternelles de Votre Majesté envers les malheureux confiés à leurs soins, et ils bénissent avec eux le monarque auguste dont le cœur royal veille à tous leurs besoins et les chérit tous comme ses enfans. »

LE ROI a répondu :

« Plus vous prenez soin des malheureux, plus
» vous me donnez de marques de votre attachement.
» Chaque action que vous ferez pour les consoler et
» pour adoucir l'infortune sera conforme au vœu de
» mon cœur, et vous mériterez par-là ma reconnais-
» sance. »

Les Maires des communes rurales de l'arrondissement.

« SIRE,

» La présence de Votre Majesté comble de joie les habitans de nos campagnes : nous venons, en leur nom, vous offrir, avec cette franchise qui distingua toujours les Picards, l'hommage de leur respect, de leur amour, de leur entier dévouement.

Daignez, Sire, agréer cette expression sincère de leurs sentimens, ainsi que les vœux qu'ils forment pour la conservation du monarque adoré qui, à l'exemple du bon Henri son aïeul, est sans cesse occupé du bonheur de son peuple. »

Le Roi a répondu :

« Assurez-les de mon affection ; dites-leur que je » m'occupe sans cesse du soin d'améliorer leur sort » dans tout ce qui dépend de moi. »

Une députation de la ville d'Abbeville, ayant M. le maire à sa tête, a été admise à présenter ses hommages au Roi.

Après ces réceptions, Sa Majesté a visité l'exposition des produits de l'industrie, l'hôpital général, l'hôpital civil et l'hôpital militaire, la fabrique de moquettes et de velours d'Utrecht de M. Henri Laurent, la fabrique de casimir de M. de Jeansse Dumény, la filature de lin de M. d'Haverne, et l'imprimerie des toiles de M. Lecaron Crépin.

Le Roi a ensuite présidé à l'ouverture du canal du Duc d'Angoulême.

Il est difficile de se faire une idée de cette fête. C'est bien ici que les récits restent toujours au-dessous de la réalité.

Trois bateaux venant, le premier de Saint-Valery, le second de l'Escaut, le troisième de Paris, étaient réunis et ont passé à l'écluse d'Amiens. Ainsi se trouve établie la navigation d'un canal qui communique à Paris par celui de Crozat, et à l'Escaut par celui de Saint-Quentin. L'inauguration de l'ouverture de cette navigation sous les yeux du Roi a complété les heureuses destinées d'un canal qui porte un nom auguste, et qui déjà, il y a peu d'années, avait été visité par S. A. R. MADAME. Ce sont des précédens qui lui ont porté bonheur.

Le Roi est arrivé vers quatre heures au lieu où tout avait été preparé pour son embarquement. Il y a été reçu par M. Becquey, directeur général des ponts et chaussées et des mines. Sa Majesté, accompagnée d'un grand nombre de personnes de sa cour, de M. le ministre de la guerre, de M. le directeur général, de M. de Villeneuve, préfet du département, de M. Belu, ingénieur en chef, directeur des ponts et chaussées, est entrée dans le bateau fort élégamment décoré qui était destiné pour la recevoir. D'autres bateaux, portant la musique d'un régiment de cuirassiers et de celle de la garde nationale, précédaient et suivaient celui du Roi. Le cortége s'est mis en marche au bruit des fanfares, qui se perdaient en quelque sorte au milieu des acclamations de joie d'une population immense dont les deux rives étaient couvertes. On pouvait jouir du bonheur de voir Sa Majesté pendant tout le trajet ; elle s'était placée sur le devant du bateau, et l'on appercevait sur tous ses traits le contentement qu'un accueil aussi unanime et aussi sincère lui faisait éprouver. Le canal était couvert d'une infinité d'embarcations : dans les unes on remarquait des officiers supérieurs, des fonctionnaires de la ville, des dames surtout, qui sont toujours le plus aimable et le plus bel ornement des fêtes ; on voyait dans plusieurs autres un grand nombre d'hommes et de femmes de professions diverses, qui, sous des costumes variés, et peut-être même un peu bizarres, exécutaient avec une merveilleuse célérité des manœuvres et des évolutions tout-à-fait curieuses. Qu'on se figure le canal couvert d'une flotte aussi nombreuse, précédé par l'esquif qui portait le prince chéri vers lequel se portaient tous les regards ; les rivages sans cesse retentissant de ces cris d'allégresse et d'amour si chers au cœur paternel du meilleur des rois ; la foule augmentant à mesure que le cortége avançait, avide de voir, de revoir encore ces traits où se peignaient la joie et la sérénité ; cette autre sérénité d'un ciel sans nuages, qui ajoutait à l'éclat d'un aussi beau jour, et l'on n'aura encore qu'une idée bien imparfaite d'un tableau qu'il faut vraiment avoir vu pour en conserver une juste et réelle impression. Il est de ces choses, en effet, qu'il n'est pas donné de peindre complétement, et les récits sont insuffisans devant des scènes aussi animées.

Le trajet a duré un peu moins d'une demi-heure. Arrivée à l'écluse, Sa Majesté est descendue et a été conduite par M. le directeur général dans la tente qui lui était destinée, et où elle devait assister au passage des bateaux. Elle a voulu le voir de plus près et s'est avancée jusque sur le bord de cette écluse. Au moyen des manœuvres des portes, un bateau a pris la direction du bassin supérieur, l'autre celle du bassin inférieur, et les cris de *vive le Roi* ont redoublé à cette double évolution absolument nouvelle pour la ville d'Amiens. Il était curieux de voir la surprise de la multitude devant ce grand bateau de l'Oise, dont la dimension surpassait celles des bateaux qui jusqu'alors étaient venus ici de Saint-Vallery, mais sans aller au-delà. La surprise a redoublé lorsque ce nouveau venu, porté sur les eaux à un niveau assez élevé, s'est abaissé avec elles dans l'écluse et a presque cessé d'être aperçu. En présence de ces merveilles de l'art, la foule exprimait une naïve joie, mêlée d'étonnement et d'admiration, et cette expression n'a point échappé au Roi. Sa Majesté a tout examiné dans le plus grand détail, et s'est fait rendre compte des travaux du canal, de sa destination et de ses avantages. Cette voie nouvelle, qui, sauf quelques perfectionnemens, va servir au commerce et à l'industrie, est un bienfait de cette heureuse restauration, à laquelle tant d'autres bienfaits sont attachés, et le Roi, sans cesse occupé du bien-être de son peuple, voit toujours avec un nouveau plaisir tout ce qui peut accroître sa prospérité. Sa satisfaction était manifeste; il n'était personne qui ne la vît sur son visage, et assurément il voulait bien qu'on l'y aperçût tout entière. Il l'a témoignée à plusieurs reprises à M. le directeur général, M. Bélu, M. Magdelaine, ingénieurs en chef, et les autres ingénieurs, ont aussi trouvé dans les paroles bienveillantes de Sa Majesté une douce et précieuse récompense de leurs travaux.

Cette inauguration d'une navigation nouvelle, qui vient à la fin de toutes les fêtes qu'on s'est empressé d'offrir à Sa Majesté pendant son voyage, n'est pas sans doute celle qui a eu pour elle le moins d'attraits. Elle y a vu l'expansion du bonheur qui éclate partout devant elle; elle y a vu aussi de la reconnaissance pour des avantages durables, et de l'amour sincère pour le prince qui n'aspire qu'à les procurer à un peuple auquel il est si heureux lui-même d'inspirer de tels sentimens. On pouvait bien dire aujourd'hui que c'était un père au milieu de sa famille. Il marchait au milieu d'une foule immense, sans aucune garde, et tous pouvaient s'approcher de lui. L'étiquette des cours n'a point été observée dans cette circonstance ; mais un roi français en oublie facilement la sévérité, lorsqu'au milieu de ses sujets il reçoit des témoignages aussi touchans et aussi universels de leur dévouement et de leur bonheur.

Le Roi est rentré à six heures et demie.

Après son dîner, Sa Majesté a honoré de sa présence le bal donné par la ville.

N° 18.

vais.

Le Roi est parti d'Amiens à neuf heures et demie du matin, après avoir entendu la messe à la cathédrale.

Arrivé à la limite des départemens de la Somme et de l'Oise, en avant de Breteuil, où un arc de triomphe était élevé, Sa Majesté a été reçue par M. le duc de Larochefoucault, maréchal-de-camp, commandant le département de l'Oise, M. le comte de Puymaigre, préfet de l'Oise, et M. de l'Espinois, secrétaire général.

M. le préfet a eu l'honneur de complimenter le Roi en ces termes :

« SIRE,

» Votre Majesté va traverser un pays où tout rappelle ses nombreux bienfaits, où tant de chaumières dévorées par les flammes n'ont été relevées que par son auguste munificence. Qu'il me soit permis de mettre aux pieds du Roi le respectueux hommage de l'amour et de la reconnaissance des habitans de l'Oise.

» Ce département, Sire, une des plus anciennes possessions de nos rois, se glorifie justement de ses traditions monarchiques, et la population contemporaine a hérité de la loyauté et du dévouement de ses pères. Elle transmettra à ses arrière-neveux les noms de deux rois également chers à la France, qui tous deux daignèrent honorer de leur visite la vieille cité de Bauvais, Henri IV et Charles X. *Vive le Roi !* »

Ce cri a été vivement répété.

SA MAJESTÉ a répondu :

« J'arrive avec plaisir dans le département de
» l'Oise, je connais les sentimens qui animent ses
» habitans. »

Le Roi est arrivé à deux heures et demie à l'arc de triomphe de Beauvais, escorté par un escadron du 2.e régiment de cuirassiers de la garde.

M. de Nully d'Hécourt, maire de Beauvais, accompagné de ses adjoints et des membres du conseil municipal, a présenté à Sa Majesté les clefs de la ville, en lui adressant ces paroles :

« SIRE,

» Les clefs que nous présentons à Votre Majesté n'ont jamais fait partie de celles que se vantait de posséder Charles le Téméraire.

» Aujourd'hui elles sont l'emblème de la foi et des hommages que nous éprouvons le besoin de renouveler à Charles X.

» Vous allez être témoin, Sire, de l'allégresse publique. Dans cette heureuse circonstance, chaque habitant ne veut pas d'interprète.

» Votre cœur paternel en sera touché, Sire; car l'amour des peuples rend légère la couronne des rois.

» Point d'appareil armé pour le développement de nos sentimens d'amour. Nous sommes tous citoyens de Beauvais pour vous aimer ; nous serions tous gardes nationaux s'il s'agissait de défendre Votre Majesté ou de soutenir l'honneur de la patrie.

» Sire, Henri IV appelait nos pères ses bons amis de Beauvais : puisse son petit-fils nous assurer, d'un mot, que nous avons recueilli ce précieux héritage! »

Le Roi a répondu:

« Oui, mes bons amis; assurez-les que je me » trouve très-heureux d'être dans leurs murs. »

M. le maire ayant obtenu du Roi la permission de précéder à pied, avec le corps municipal, la calèche de Sa Majesté, le cortége s'est mis en marche et a fait son entrée dans la ville, au bruit d'une salve de vingt-un coups de canon, au milieu d'une population avide de contempler les traits de son monarque chéri, et qui l'a salué de ses acclamations dans toute l'étendue de la ville, que le cortége a traversée pour se rendre à l'hôtel de la préfecture, où Sa Majesté est descendue.

MM. les ducs de Fitz-James et de Mouchy, qui se trouvaient à Beauvais, ont fait leur cour au Roi.

Sa Majesté a reçu, un instant après son arrivée, M. le maréchal-de-camp pair de France commandant le département, M. le préfet et le conseil de préfecture, M. l'évêque et son clergé, et les diverses autorités.

Voici les discours qui ont été adressés à Sa Majesté:

M. le Poittevin Delacroix, président du tribunal civil.

« SIRE,

» Sous un Roi juste et ami des lois, il est aisé de rendre la justice : l'amour pour le prince devient alors chez les magistrats un second guide, non moins sûr que la conscience même.

» Le tribunal de Beauvais n'oubliera jamais qu'il rend la justice au nom d'un roi religieux et tolérant. Il fera tous ses efforts pour se montrer digne d'être son interprète.

» Sire, le bonheur dont nous jouissons en approchant de Votre Majesté restera à jamais gravé dans nos cœurs ; ce précieux souvenir sera désormais la plus douce récompense de nos travaux.

LE ROI a répondu :

« Je reçois avec grand plaisir l'expression de vos
» sentimens ; ils sont bien conformes aux miens.
» Continuez avec le même zèle à me servir, en
» rendant la justice à mes sujets. »

M. le Président du Tribunal de commerce.

« SIRE,

» Les membres du tribunal de commerce de

Beauvais viennent déposer aux pieds de Votre Majesté l'hommage de leur respect et de leur amour.

» Votre bonté infinie nous encourage, Sire, à vous présenter aussi nos vœux et nos espérances.

» Les commerçans de cette ville antique et fidèle éprouvaient un grand besoin de la présence de leur Roi.

» En 1825, Sire, nos cœurs s'abandonnaient à la joie; vous aviez daigné approuver le plan du canal de Dieppe à l'Oise, passant dans nos murs : l'importance de cette belle entreprise, son utilité, la grande facilité de son exécution, vous avaient paru parfaitement démontrées.

» A Charles le Bien-aimé, protecteur du commerce et de l'industrie, appartient de faire exécuter l'œuvre conçue, méditée par le bon Henri, son auguste aïeul.

» Nous avons en notre possession des lettres patentes, datées de 1604, et signées de la main de cet excellent prince, par lesquelles il autorise les plans et devis d'un canal de Beauvais à l'Oise.

» En ce beau jour d'allégresse, nous craignons, Sire, d'abuser de vos momens si précieux; nous osons remettre en vos mains un court exposé de cette importante affaire. »

Le Roi a répondu :

« J'examinerai cette demande avec tout l'intérêt
» que je porte au commerce, et notamment à la
» ville de Beauvais. Comptez à cet égard sur mon
» entière sollicitude. »

M. le Maire, à la tête du Conseil municipal.

« Sire,

» Vous venez d'être témoin de l'allégresse générale. Toute la population de Beauvais et des environs se trouvait sur le passage de Votre Majesté pour la saluer par ses acclamations.

» Chaque habitant, se confiant dans les intentions paternelles de Votre Majesté, jouit du bonheur présent, espère dans l'avenir, et fait des vœux bien sincères pour la prospérité de votre règne.

» Le corps municipal est heureux d'être l'organe de tous ces sentimens, et supplie Votre Majesté d'agréer l'hommage de sa fidélité et de son devouement. »

Le Roi a répondu :

« La manifestation de ces sentimens me cause
» une grande satisfaction. Je suis touché du zèle que
» les habitans de Beauvais ont mis à me recevoir ;

» je leur en sais très-bon gré. Je jouis de voir que » ma présence peut faire plaisir à mon peuple. » C'est la plus douce récompense de tous les efforts » que je fais pour le rendre heureux. »

Le Roi a admis aussi à l'honneur de lui présenter leurs hommages, une députation de la ville de Mouy, M. le maire de Clermont, accompagné de son adjoint, et une députation du commerce de la ville de Dieppe.

Sa Majesté est montée en calèche immédiatement après les réceptions, et a visité la manufacture de draps de M. Lognon, la manufacture royale des tapis, les malades de l'hospice, l'hôtel-Dieu, le grand séminaire, et la pension des demoiselles dites *du Sacré Cœur*.

Le Roi, après son dîner, s'est rendu à l'hôtel-de-ville, au bal qui lui était offert.

Sa Majesté a d'abord fait le tour des deux salles en adressant aux dames des paroles gracieuses; elle est venue ensuite s'asseoir sur le fauteuil qui lui avait été préparé, et a fixé ses regards sur un grand tableau placé en face d'elle. Au-dessus de ce tableau qui représente le fait d'armes de Jeanne Hachette, on voit le drapeau, assez bien conservé, que l'héroïne de Beauvais enleva en 1472 aux Bourguignons.

Au même instant, de jeunes demoiselles portant une corbeille, précédées d'un drapeau parfaitement semblable à celui de Jeanne Hachette, que l'une d'elles portait, se sont approchées de Sa Majesté.

Mlle Deviennes, fille du premier adjoint, a dit au Roi :

« SIRE,

» Une femme sauva jadis cette antique cité, et son courage valut à ses concitoyennes d'honorables prérogatives. L'or et l'hermine furent accordés pour parures aux descendantes de Jeanne Hachette et de ses compagnes de gloire : dans une solennité annuelle, placées en avant de ceux que la nature a destinés à la défense de la patrie, nous portons ce drapeau, fruit de la célèbre journée du 27 juin 1472. Louis XI le voulut ainsi par lettres patentes : qui sait mieux récompenser qu'un Roi de France ?

» Mais, Sire, le temps a diminué ces avantages; et au lieu des ornemens que portaient nos ancêtres, nous venons supplier Votre Majesté de nous accorder un bien plus précieux encore, la protection de votre auguste petite-fille, de S. A. R. MADEMOISELLE. Jamais, sans doute, nous n'aurons besoin de reprendre la hache de *Jeanne* pour la défendre; mais nous l'entourerons de nos respects et de notre amour, nous ne cesserons de faire des prières pour elle, et le ciel, chacune de nous l'apprit de sa mère, exauce les vœux formés pour le Roi et les Bourbons.

» Nous vous supplions, Sire, de nous permettre d'offrir à S. A. R. MADEMOISELLE cette corbeille, gage de notre amour et de notre fidélité. »

Sa Majesté a reçu très-gracieusement la corbeille, en disant : « Soyez sûres, Mesdemoiselles, que je » me charge de la lui remettre, et qu'elle sera acceptée » avec beaucoup de plaisir et de reconnaissance. »

De jeunes garçons ont ensuite présenté au Roi un tableau dans lequel étaient encadrés des échantillons de tous les produits de l'industrie du département.

Sa Majesté a paru regarder avec intérêt tous ces produits réunis sous ses yeux dans un cadre peu étendu.

Elle ne s'est retirée qu'à dix heures et demie, après être restée une heure et demie au bal.

La présence prolongée de Sa Majesté a causé un ravissement qui se peignait sur tous les visages, et qui a éclaté à plusieurs reprises par des acclamations générales.

Aujourd'hui, 20 septembre, le Roi a entendu la messe à neuf heures à la cathédrale.

Sa Majesté a été reçue par M. l'évêque de Beauvais, qui l'a complimentée en ces termes :

« SIRE,

» Jamais les émotions qui nous touchent n'ont

remué plus profondément les ames que dans cette auguste circonstance. Et quel Français pourrait contempler d'un œil indifférent et froid le noble héritier de soixante Rois, tous chrétiens, le fils de Henri IV et de S. Louis, un Prince qui ne s'est assis sur ce trône que pour protéger la religion et travailler au bien de l'humanité, dont la seule ambition est de faire de son peuple le plus heureux des peuples et de conquérir tous les cœurs par cette aimable popularité qui a tant d'empire sur les Français ?

» S'il ne nous est pas encore permis, Sire, de laisser éclater nos transports et de faire retentir les cris de joie, les acclamations d'un peuple fidèle, il nous est permis du moins de confier au ciel les sentimens de notre admiration, de notre reconnaissance et de notre amour, et de demander au Dieu de vérité précisément les mêmes grâces qu'implorait la primitive Église pour les anciens maîtres du monde : une longue vie, un règne tranquille, une armée fidèle, un sénat dévoué, un peuple vertueux, et tout ce que peut desirer un homme et un Roi.

» Tels sont les vœux, Sire, qu'adressent à l'envi au Très-haut le pontife auquel les bontés du Roi ont imposé une si grande dette, et le clergé dévoué de son diocèse. »

SA MAJESTÉ a répondu :

« M. l'évêque, allons au pied des autels remer-
» cier le Tout-puissant des grâces qu'il a daigné
» répandre sur mon peuple. Prions-le de les lui
» continuer, et demandons-lui qu'il m'accorde à
» moi-même tous les moyens qui me sont néces-
» saires pour assurer le bonheur de la nation que
» je suis heureux de gouverner. »

Le Roi est parti de Beauvais immédiatement après la messe.

A l'entrée de Beaumont, limite du département de l'Oise et de Seine-et-Oise, M. le comte de Tocqueville, préfet, accompagné de M. le chevalier de Boulancy, sous-préfet de Pontoise, a reçu Sa Majesté, et lui a adressé le discours suivant :

« SIRE,

» Votre Majesté vient de parcourir plusieurs de ses provinces, accompagnée des acclamations de ses heureux sujets pour fêter un père chéri ; les pompes champêtres ont rivalisé avec le luxe des villes. Partout le propriétaire et le manufacturier ont salué le protecteur éclairé de l'agriculture et du commerce. L'infortune, soulagée par les bienfaits d'une main auguste, consolée par votre bonté, a joint ses modestes bénédictions à l'explosion de la joie publique, et vos Français, Sire, se sont montrés dignes du cœur de leur Roi.

» J'essaierais en vain d'exprimer en termes nouveaux les sentimens que Votre Majesté fait naître. Je ne pourrais que répéter moins bien peut-être ce qui a été si profondément senti, si noblement exprimé dans tous les lieux qu'elle a honorés de sa présence. Je me bornerai à prier Votre Majesté de croire que ses sujets du département de Seine-et-Oise ne le cèdent point en dévouement. Le Roi daigne pendant plusieurs mois, chaque année, se confier à leur fidélité : souvent ils voient la bonté et la grâce descendre du trône pour se rapprocher d'eux et charmer tous les cœurs. Ils apprécient leur bonheur : j'ose, Sire, en être près de vous le garant; et ils sauront constamment, par leur soumission aux lois, et leur respect pour les décisions qui émanent de votre sagesse, remplir les obligations de l'amour et de la reconnaissance. »

LE ROI a répondu :

« L'accueil que j'ai reçu partout a touché vivement mon cœur. Mais j'éprouve un plaisir bien grand à rentrer dans ce département, et de me retrouver au sein de ma famille, au milieu de mes fidèles sujets du département de Seine-et-Oise. »

M. Davenet, maire de Beaumont, a eu aussi l'honneur de complimenter Sa Majesté.

Elle a daigné agréer avec bonté des vers qui lui ont été présentés par Mlle Davenet, et les échantillons de la fabrique de passementerie de M. Laporte.

Le Roi a traversé la ville de Beaumont escorté par la garde nationale, au milieu des acclamations de toute la population.

Saint-Denis, le 20 septembre.

M. le préfet de la Seine, M. le préfet de police, les secrétaires généraux des deux préfectures, M. le sous-préfet de l'arrondissement de Saint-Denis, se sont rendus aujourd'hui à la limite du département de la Seine, aux confins du territoire de Pierrefitte, où se trouvaient également réunis le maire, l'adjoint, les membres du conseil municipal et un grand nombre d'habitans de cette commune. M. le maire de Stains s'y était aussi rendu, ainsi que plusieurs de ses collègues et des habitans des communes environnantes. Le Roi est arrivé à deux heures. Sa voiture s'étant arrêtée, M. le comte de Chabrol s'est approché et a prononcé les paroles suivantes :

« SIRE,

» Vous revenez au milieu de nous après avoir

recueilli partout sur vos pas les hommages du respect et de l'amour. La présence de Votre Majesté a jeté dans l'ivresse une population fidèle et reconnaissante. Vos sujets des départemens du Nord ont pu contempler vos traits, recueillir vos paroles, apprendre à connaître le cœur de leur Roi, de leur père. Ils ont lu dans vos pensées; ils savent qu'elles sont toutes pour le bonheur des Français, pour la gloire et la prospérité de la France. L'armée, animée du même enthousiasme, a fait éclater le même dévouement, les mêmes transports.

» Au retour de cette marche triomphale, que Votre Majesté veuille bien nous permettre de lui exprimer les sentimens de respect et d'amour dont je suis si heureux d'être quelquefois l'interprète. »

LE ROI a répondu :

« Messieurs, j'ai reçu avec une vive satisfaction
» l'expression des sentimens de mes sujets dans les
» départemens que je viens de parcourir. La ville
» de Paris sait aussi que j'ai des titres à son amour,
» des droits à sa confiance. J'ai la certitude que je
» la trouverai toujours fidèle, et que toujours elle
» sera pour moi telle que je l'ai vue en 1814,
» lorsque j'ai eu le bonheur de paraître au milieu
» d'elle. »

Les cris de *vive le Roi*, et des fanfares cachées

sous des berceaux de feuillage, ont suivi la réponse de Sa Majesté. Le petit village de Pierrefitte, qui est le premier en entrant dans le département de la Seine, était entièrement pavoisé et décoré. La maison de M. Audenet, maire, se distinguait par l'élégance de ses tentures.

Un peu plus loin, Sa Majesté a trouvé M. le maire et le conseil municipal de la ville de Saint-Denis, qui s'étaient rendus sur son passage à l'entrée de la ville, près d'un arc de triomphe en verdure.

Sa Majesté a adressé quelques paroles de bonté à M. Chambaut, maire de Saint-Denis, et a continué sa route en passant par Saint-Ouen, Clichy et Boulogne, où les autorités locales lui ont rendu les mêmes hommages. La pluie, qui ne cessait pas de tomber, n'a pas empêché un grand nombre de maires et d'habitans des communes voisines de se trouver au passage du Roi, et de recevoir les témoignages de sa bienveillance.

Sa Majesté est arrivée à Saint-Cloud à trois heures et demie, et n'a jamais joui d'une meilleure santé.

La dernière journée du voyage du Roi a été telle qu'avait été la première, telle qu'ont été toutes celles qui se sont succédé si rapidement au milieu des transports d'une population heureuse de contempler les traits chéris du meilleur des pères. La ville de Beauvais attendait avec impatience le moment où elle pourrait à son tour faire éclater tout son amour, toute son allégresse ; et ses habitans, heureux de la présence de notre monarque chéri, ont montré le même enthousiasme que ceux des départemens que le Roi vient de parcourir.

Un ciel toujours pur et serein, excepté précisément le dernier jour, a constamment favorisé le voyage du Roi; les routes étaient dans le meilleur état, et les soins de M. le marquis de Vaulchier, directeur général des postes, qui a toujours suivi le Roi, ont assuré le service des relais, avec l'ordre, l'exactitude et la célérité qu'on avait déjà remarqués à l'époque du sacre.

On ne parlera pas du zèle que les habitans des villes ont partout témoigné pour loger le service et la suite du Roi; mais on doit dire que presque tous les maires des villes où Sa Majesté a séjourné ont écrit à M. le marquis de la Suze, grand maréchal des logis du Roi, pour lui témoigner la reconnaissance de leurs administrés sur la manière dont MM. les maréchaux et fourriers des logis avaient exécuté les ordres qu'il leur avait donnés, et que l'empressement des habitans leur a rendus beaucoup plus faciles.

CORRESPONDANCE.

(*Extraits de Lettres particulières.*)

Saint-Denis, le 3 septembre.

Sa Majesté a traversé ce matin à six heures la ville de Saint-Denis. M. le sous-préfet de l'arrondissement s'était trouvé, avec M. le préfet de la Seine et M. le préfet de police, sur le passage de Sa Majesté à Boulogne, limite du département de la Seine et de l'arrondissement. M. le maire de Saint-Denis, à la tête du corps municipal et accompagné d'un détachement des sapeurs-pompiers de la garde nationale, a eu l'honneur de complimenter le Roi pendant que les voitures de Sa Majesté relayaient sur la route du bois de Boulogne à la limite du territoire. Sa Majesté a daigné charger M. le maire de donner aux habitans de Saint-Denis, dont il était entouré, les assurances les plus gracieuses de sa bienveillance et de sa protection.

Dans la ville, le clergé attendait Sa Majesté devant la porte de l'église. Le 6ᵉ régiment de la garde royale était en bataille, la ville était pavoisée, toutes les cloches sonnaient, et c'est aux cris de *vive le Roi* que Sa Majesté s'est éloignée d'une ville à laquelle elle venait de donner des marques éclatantes de sa bienveillance.

Senlis, le 3 septembre.

Sa Majesté a traversé aujourd'hui, dans la matinée, les cantons de Nanteuil et Betz (département de l'Oise), en se rendant à Laon. La population voisine de la route, accourue sur son passage, a exprimé par des cris répétés de *vive le Roi* les sentimens d'amour et de dévouement dont elle est animée. M. le préfet, M. le maréchal commandant le département, et le sous-préfet de Senlis, ont été attendre le Roi au relais de Nanteuil, où Sa Majesté a permis que le maire de cette commune et les autres autorités locales lui fussent présentés, et a daigné recevoir les bouquets que lui ont offerts les jeunes filles de la commune. Sa Majesté n'a quitté Nanteuil qu'après avoir adressé des paroles pleines de bienveillance au maire, et lui avoir laissé une somme de quatre cents francs pour les indigens.

Laon, le 2 septembre.

Il faut être témoin, comme je l'ai été, de l'en

thousiasme qui règne sur toute la route, pour juger de ce que peut produire de bien et de bon sur la population la présence du Roi. Henri IV disait : *Laissez-les s'approcher, ils sont affamés de voir leur Roi.* Charles X pourra, à coup sûr, en dire autant. Les populations entières se portent sur la route, et couchent depuis deux jours dans les villages et même dans les champs, pour se trouver plus sûrement sur le passage de Sa Majesté. Ces braves gens accourent de tous côtés avec des guirlandes et des branches d'arbre pour décorer les maisons. Depuis Vertefeuille jusqu'à Laon, j'ai compté plus de douze arcs de triomphe. À Soissons, on en a élevé un très-beau à l'entrée de la ville; et quoique Sa Majesté ne doive y rester qu'une heure, la ville a fait de grandes dépenses pour la recevoir : toutes les maisons sont décorées avec autant de goût que d'élégance.

C'est surtout à Laon que les fêtes vont commencer. La ville a été, pour ainsi dire, remise à neuf; toutes les maisons sont repeintes et couvertes de guirlandes de feuillages. Depuis le bas de la montagne jusqu'à la porte de la ville, la route n'est qu'un berceau de verdure.

La garde nationale, qui a voulu s'habiller à neuf pour cette solennité, s'exerce aux manœuvres depuis plusieurs jours; elle paraît enthousiasmée de l'honneur que le Roi lui a accordé de faire le service auprès de sa personne, quoiqu'il y eût à Laon deux escadrons des chasseurs de la garde, qui ne doivent servir que d'escorte.

M. le comte de Floirac a fait décorer l'hôtel de la préfecture avec beaucoup de luxe; c'est là que le Roi ira loger et qu'il dînera: tous les appartemens du Roi dominent cette belle et vaste plaine du Laonnais, où campèrent les troupes d'Henri IV. Laon est une ville remplie des souvenirs de ce grand prince, où Sa Majesté Charles X se retrouve en famille.

L'aspect de la ville est dans ce moment-ci très-animé: les voitures et les calèches de la cour y arrivent de minute en minute. Les cloches, les tambours, l'artillerie, tout est en mouvement; dans toutes les rues on pavoise, on décore et l'on tapisse; des banderoles et des drapeaux blancs flottent à toutes les fenêtres, et la route est couverte de postillons dont les chapeaux sont chargés de rubans: tout le pays est dans une atmosphère de joie et de bonheur.

Les préparatifs d'un bal qu'on doit offrir demain au Roi occupent la ville entière. Trois cents dames y sont invitées; la salle de bal est décorée avec une élégante simplicité.

On espère que le Roi arrivera demain ici à cinq

heures; tout annonce une belle et brillante journée. La population de Laon a doublé depuis deux jours : on ne peut trouver de place nulle part. Le Roi, dit-on, après avoir entendu la messe à la cathédrale, repartira mardi matin pour Cambrai, en passant par la Fère et Saint-Quentin.

Laon, le 4 septembre.

Le Roi est arrivé ici hier à cinq heures du soir. Sa Majesté, qui avait déjeûné au Mesnil, a trouvé sur toute la route des populations entières accourues sur son passage pour lui exprimer leur amour. Sa voiture a été souvent arrêtée par la foule qui l'entourait, et Sa Majesté ne cessait de répéter aux postillons : *Mes amis, pas si vîte; je veux voir tout le monde.*

Des détachemens de cavalerie de la garde et de gendarmerie étaient allés au-devant de Sa Majesté jusqu'à Estouvel, petit village à deux lieues de Laon. En arrivant sous l'arc de triomphe placé au bas de la montagne, le Roi a été reçu par le préfet, le maire, et les autorités du département. Les clefs de la ville lui ont été offertes, et le cortége a fait son entrée au milieu d'une foule immense, qui n'a cessé de faire retentir l'air des cris de *vive le Roi*. Des milliers de drapeaux blancs flottaient à toutes les croisées, et des guirlandes de chêne ornaient toutes les maisons. Ce n'est pas sans peine qu'on a empêché le peuple de dételer les chevaux pour conduire la voiture à l'hôtel de la préfecture, où les appartemens du Roi étaient préparés pour le recevoir. Sa Majesté en arrivant a sur-le-champ admis tous les fonctionnaires publics du département à l'honneur de lui être présentés. A plusieurs reprises, le salon de réception a retenti de vives acclamations.

Le Roi s'est mis à table à sept heures : il a désigné lui-même, avec une grâce parfaite, les personnes qu'il daignait admettre à dîner avec lui; il a fait placer à ses côtés Mme la comtesse de Floirac. Plusieurs autres tables avaient été servies par les ordres de M. le préfet pour les personnes de la suite du Roi.

A neuf heures, Sa Majesté s'est rendue à pied au bal qui lui était offert par la ville. Dans deux grandes salles richement décorées, trois cents femmes, parées avec autant de goût que d'élégance, se sont levées au moment où le Roi a paru; les cris de *vive le Roi* ont alors éclaté de toutes parts. Sa Majesté, conduite par M. le comte de Sars, maire de la ville, a fait le tour des deux salles, en adressant à chaque femme qui lui était présentée des paroles pleines d'obligeance.

Par les ordres du Roi, les danses ont commencé

aussitôt. Le quadrille qui a eu l'honneur de danser devant le Roi, était composé de M. le marquis de Castres, colonel des chasseurs de la garde; de M. le marquis de Sauvebœuf; de M. le baron de Savigny, commandant de la gendarmerie du département; et de M. Dolé, adjoint de la mairie. Les dames étaient : Mme la comtesse de Courval, fille du général Moreau; Mme la baronne Lamothe, fille de M. Declercq, receveur général du département, et Mmes de Laurendeau et de Jalais. Le Roi, après la contre-danse, a adressé à toutes ces dames des complimens, et a causé très-long-temps avec Mme de Courval, qui a paru vivement émue des paroles du Roi.

A dix heures, le Roi a quitté le bal pour retourner dans ses appartemens. Le peuple l'attendait à la sortie sur la place de l'hôtel-de-ville, et la foule s'est pressée sur ses pas jusqu'à l'hôtel de la préfecture. Les danses et les jeux ont continué dans les rues de Laon pendant une grande partie de la nuit.

Ce matin, à sept heures, le Roi est sorti à pied pour aller entendre la messe à la cathédrale : M. l'évêque de Laon attendait Sa Majesté sous le grand portail, à la tête de son clergé; il l'a conduite processionnellement sous le dais jusqu'au prie-Dieu qui lui avait été préparé dans le chœur, au bruit de l'orgue, des cloches, des tambours et des trompettes, dont le bruit retentissait sous les voûtes de l'église. Sa Majesté, après la messe, est retournée à pied dans son palais, où elle ne s'est arrêtée que quelques instans. Elle a adressé les témoignages de sa satisfaction au préfet et au maire, et leur a exprimé combien elle était sensible à l'accueil qu'elle avait reçu dans leur ville. Elle est entrée immédiatement en voiture et a quitté Laon à huit heures et demie. Au moment où je vous écris, les cris de *vive le Roi* retentissent encore de toutes parts, et la foule se porte en courant sur la route de la Fère, pour jouir encore quelques instans des adieux pleins de grâce que le Roi ne cesse de faire en souriant à toutes les personnes qui s'approchent de la portière.

On dit que Sa Majesté a accordé beaucoup de faveurs et répandu beaucoup d'aumônes dans la ville de Laon : elle en part très-satisfaite.

Voici des vers de M. de Téis, secrétaire général de la préfecture : ils ont été remarqués dans le nombre de ceux qui ont été composés pour la circonstance; ils faisaient partie de l'illumination de l'hôtel de la préfecture :

Pour consoler la France après un long veuvage,
Henri donna son cœur, Saint Louis ses vertus ;
L'Éternel anima cet auguste assemblage,
Et l'on vit un Français de plus.

La Fère, le 3 septembre.

Tous nos vœux vont être comblés ; c'est demain que le Roi arrive au milieu de nous : nos artilleurs sont tous dans la joie ; officiers et soldats, chacun se félicite d'avoir à contempler les traits d'un monarque si cher à son armée et à ses peuples. Depuis nombre de jours, l'artillerie, sous la direction de son digne commandant d'école M. le général Marion, se prépare à fêter la présence de son Roi : ses dispositions sont achevées, et il lui tarde maintenant de donner un libre essor à l'enthousiasme que lui inspire ce souverain bien-aimé.

Nous avons l'heureuse assurance qu'avant d'entrer dans la place, Sa Majesté s'arrêtera au polygone et honorera de sa présence l'école de tir des bouches à feu. En face de la grande butte, sur un tertre qui domine les batteries et le champ de tir, une tente spacieuse est disposée pour la recevoir; de magnifiques trophées d'armes, des drapeaux ornés des chiffres de nos princes, des guirlandes de fleurs tressées par les dames du corps de l'artillerie, donnent à cette tente royale le plus brillant aspect.

Des drapeaux et des écussons, semés de fleurs-de-lis en or parent également le feuillage des deux jeunes arbres qu'à leur passage au polygone ont daigné planter Mgr le Dauphin et Mme la Dauphine. C'est avec une satisfaction mêlée d'orgueil que les artilleurs voient chaque année grandir ces jeunes arbres, compagnons de leurs jeux guerriers, et qui sont pour eux le gage de la bienveillance dont les honorent le vainqueur du Trocadéro et l'illustre fille de Marie-Thérèse.

L'hôtel de l'école, où l'on espère que Sa Majesté s'arrêtera quelques instans, présente un superbe coup-d'œil.

Le salon de réception est orné des portraits des plus grands et des meilleurs de nos Rois, depuis Charlemagne jusqu'au souverain bien-aimé dont la haute sagesse préside aujourd'hui à nos destinées. Des vers placés sous les portraits de chacun de ces Rois retracent les vertus et les exploits qui ont illustré leur règne.

L'arsenal, que Sa Majesté visita dans sa jeunesse, a pris aussi un air de fête et s'est embelli de brillantes décorations, auxquelles les officiers et les ouvriers ont consacré tous leurs loisirs.

Saint-Quentin, le 4 septembre.

Le Roi est arrivé hier à dix heures du matin à la Fère. Sa Majesté a été reçue sous un arc de triomphe, qui rappelait le voyage que le Roi, alor

Comte d'Artois, fit dans le mois d'août 1774 dans cette ville.

En descendant de voiture, Sa Majesté a voulu visiter l'école d'artillerie, le parc, les régimens de la garnison, et a fait exécuter sous ses yeux les manœuvres et les exercices du polygone : elle est entrée, avec le général commandant la division, dans les moindres détails du service; et, après être restée deux heures au milieu des troupes, elle est remontée en voiture aux acclamations de la ville et de la garnison.

Sa Majesté est arrivée aujourd'hui à une heure à Saint-Quentin. Toute la ville était hors des portes pour la recevoir à l'entrée du canal; une quarantaine d'ouvriers avec leurs roulières et des rubans blancs au chapeau ont, malgré les efforts de la garde d'honneur, dételé les chevaux, et ont traîné la voiture jusqu'à l'hôtel de la sous-préfecture. *Mes amis*, leur disait le Roi, *je n'ai pas besoin de ce dévouement pour croire à votre attachement.*

En descendant de voiture, Sa Majesté a été examiner avec soin une petite exposition des produits de l'industrie départementale, que M. Rouze, sous-préfet, avait fait placer dans son salon. Le Roi a demandé sur-le-champ à être conduit dans les manufactures. Sa Majesté a visité avec le plus grand intérêt l'établissement d'apprêt de M. Tausin, pour les tissus fins, avec perfectionnement des procédés anglais; la belle et riche filature de MM. Joly père et fils, et la blanchisserie de M. Tausin. Elle a daigné dire à ces fabricans qu'elle n'avait rien vu de plus beau à Manchester et à Birmingham. Par les observations qu'elle a faites, on a pu se convaincre qu'elle avait examiné tous les procédés avec le plus grand soin. Le Roi n'a pas voulu laisser sans récompense l'accueil qu'il avait reçu des ouvriers : en sortant, il a fait remettre aux chefs de ces établissemens six mille francs pour être distribués dans les ateliers.

De là, Sa Majesté s'est rendue à la grande église de Saint-Quentin; Mgr l'évêque de Soissons, à la tête du clergé, y était venu pour la recevoir. Sa Majesté a bien voulu poser la première pierre d'un maître-autel qu'on va refaire à neuf, et dont S. Louis avait lui-même posé la première pierre en 1257.

Le Roi, après avoir parcouru pendant plus de trois heures, à pied, au milieu de la foule qui le pressait de toutes parts en l'entourant de ses hommages, toutes les rues de la ville, est remonté en voiture à cinq heures un quart. En quittant Saint-Quentin, Sa Majesté a remis elle-même au maire quatre mille francs pour les pauvres.

Le soir, la ville a été illuminée; l'hôtel-de-ville

offrait un spectacle brillant. Le peuple dansait et chantait sur la place, pendant que, dans les salles de la mairie, un bal nombreux et élégant réunissait tout ce que la ville a de plus distingué.

On parlait beaucoup ce soir d'une petite aventure arrivée auprès de Céry. Pendant qu'on raccommodait un des traits de la voiture, le Roi s'est éloigné quelques instans de sa suite; il s'est promené seul sur la gauche de la route, où tout-à-coup il a été entouré par plus de deux cents paysans qui criaient de toutes leurs forces : *Vive le Roi!* Sa Majesté, en frappant sur l'épaule de l'un d'eux, lui a demandé de quel pays il était; le paysan lui a répondu qu'ils étaient tous de Durville. En ce cas, a dit le Roi, puisque vous êtes de braves gens, *vive Durville!* Tout le monde a fait chorus en même temps, et a répété : *Vive Durville!* Cette petite naïveté a fort diverti le Roi, qui leur a fait donner de l'argent pour boire à sa santé.

Cambrai, le 6 septembre.

Je vous ai mandé, mon ami, qu'un étranger, artiste et homme de lettres, observait avec un intérêt particulier tout ce qui s'est passé dans notre ville, à l'occasion du voyage de Sa Majesté. Il dessinait et il écrivait. Les détails suivans sont tirés de son portefeuille. Je vous les garantis d'une exactitude parfaite. Ils reproduisent la vraie physionomie de nos fêtes ; et pour vous, qui aimez Cambrai, ils suppléeront à l'insuffisance des récits beaucoup trop brefs qu'en ont faits les journaux. Je transcris les expressions du voyageur :

Un peu avant l'arrivée du Roi, je m'arrêtai à l'entrée du département du Nord, près de l'arc de triomphe qui en marquait la limite. J'eus le temps d'examiner l'architecture de ce monument improvisé.

Une heureuse proportion entre la hauteur, la largeur et l'ouverture, donnait à toute la masse un air de grandeur et d'élégance. Les batailles de Bouvines, de Cassel, de Denain et de Fontenoy, figurées en grisailles sur le tympan de l'archivolte, caractérisaient bien cette province, qui voit croître dans ses champs les lauriers célèbres à côté des cyprès. Au-dessous de l'entablement, les armes de France et de Navarre, peintes en coloris, étaient suspendues sur la clef de la voûte par une guirlande de verdure, et le cintre était orné par un beau compartiment de caissons. Sous la corniche s'étendait une frise où le chiffre du Roi alternait avec les fleurs-de-lis; la corniche était surmontée d'un attique, avec cette inscription :

Aux Bourbons en tout temps ce pays sut offrir
Des cœurs pour les aimer, des bras pour les servir.

Les extrémités de l'attique étaient occupées par deux figures représentant la Navigation et le Commerce, attributs qui ne conviennent pas moins à la Flandre que les emblèmes de la Victoire. La plate-forme était surmontée de gradins sur lesquels on lisait :

Au Roi, le département du Nord.

Deux génies supportant le globe de la France couronnaient le tout et complétaient le motif.

L'ensemble du monument était d'un style ferme et d'un goût sévère. En avant de l'arc, à droite et à gauche de la route, deux tentes pavoisées de drapeaux blancs étaient destinées aux autorités départementales, tant civiles que militaires. Des poteaux plantés à égale distance et recouverts de branchages portaient sur des écussons les noms des trente-quatre villes du département. Ces arbres artificiels se liaient deux à deux par les drapeaux des villages, qui, diversement colorés et déployés dans toute leur longueur, flottaient par leur extrémité libre. Les autorités municipales étaient réunies sous les écussons, le maire en tête. Des milliers de curieux étaient montés sur les arbres qui bordent la route. Les paysans, accourus en foule des moindres hameaux, se pressaient pour contempler les traits augustes et doux de Charles X.

Il est impossible à la plume de décrire un pareil

tableau. Tout le département semblait réuni sur sa frontière, et ce spectacle a dû vivement intéresser le Roi, qui, sûr de trouver partout les mêmes sentimens, allait rencontrer une population nouvelle. Je suivis la marche de Sa Majesté.

La banlieue de Cambrai était indiquée par un autre arc de triomphe, plus remarquable encore que le premier. Sa hauteur était de soixante pieds. Il paraissait tout de marbre, reposant sur quatre colonnes en marbre de Flandre, d'ordonnance corinthienne, et portant, dans les entre-colonnemens, des tables de marbre, avec ces inscriptions :

Salut au père de la patrie. — Gloire au Roi chevalier.

L'entablement était couronné d'un attique, sur lequel on lisait ces vers :

Cambrai va recevoir le plus aimé des rois :
Nos cœurs seront son Louvre ; et nos bras, son pavois.

Deux groupes en avant-corps représentaient, d'un côté, la ville de Cambrai encourageant les beaux arts et offrant des palmes au mérite ; de l'autre, la Renommée annonçant aux habitans du département du Nord l'arrivée du souverain. Au bout de l'arc, deux génies agenouillés posaient la couronne royale sur un écusson aux armes de France. Ces figures, rehaussées d'or, se détachaient sur la pourpre de l'oriflamme. Des ornemens de bon goût enrichissaient les corniches, les frises, les tympans et les plafonds; rehaussés d'or, comme les deux figures terminales, et appliqués sur un fond de marbre blanc, ils donnaient à l'ensemble un aspect riant en même temps que riche. Ce caractère général était bien approprié à la fête qu'on célébrait.

Sur des poteaux en forme d'enseignes romaines, pavoisés de petits drapeaux blancs, on lisait les noms de toutes les communes de l'arrondissement; c'était le rendez-vous assigné à leurs habitans pour attendre le passage du Roi. Cette disposition se prolongeait jusqu'à l'entrée de la ville; là s'élevaient deux colonnes milliaires, sur lesquelles on lisait :

Le corps fidèle des portefaix.

Autour de la base étaient réunis ces braves gens, habillés de blanc avec des rubans couleur de rose et leur sac en bandoulière; une respectueuse allégresse animait leurs regards.

Sa Majesté entra dans Cambrai vers les huit heures du soir, escortée par la garde d'honneur à cheval; elle descendit au palais épiscopal, que la ville avait fait préparer pour recevoir l'hôte auguste.

Devant le palais, sur la place Saint-Nicolas, on voyait un obélisque de soixante-cinq pieds de haut, en granit égyptien, orné de divers emblèmes et surmonté d'une immense fleur-de-lis lumineuse.

Cette aiguille portait des inscriptions sur ses quatre faces. Sur la face antérieure,

France et Bourbon.

Au plus chéri des Rois le plus chéri des peuples.

Sur la face postérieure,

Mont-Joie et Saint-Denis.

Peuple heureux dont les Rois ont pour sceptre une fleur!

Sur le côté gauche,

Louis IX, Charles VI, Louis XIV, Louis XV.

Sur le côté droit,

François Ier, Henri IV, Louis XVIII, Charles X.

Ces noms sont ceux des Rois qui ont visité la ville de Cambrai.

Une illumination générale éclairait la cour du palais. L'inscription, *Vive le Roi!* et l'étoile qui la couronnait, tracées en verres de couleur, paraissaient suspendues à la voûte du ciel.

L'entrée du palais, dans la cour, était décorée d'une espèce de tente qu'on appelle *marquise*. Celle-ci était peinte en coutil vert et ornée de lambrequins; les armes de France et de Navarre en caractérisaient le fronton. Un habile mélange de teintes donnait à l'ensemble beaucoup de richesse et d'éclat. Les degrés du perron étaient garnis d'arbustes et de fleurs.

Je ne détaillerai point les pièces d'apparat. Le vestibule, le salon d'entrée, la salle du trône, le salon de réception, ne laissaient rien à desirer, ni pour le goût, ni pour la magnificence; mais je dois dire un mot de la salle du banquet, construite exprès sur le jardin, à la suite du bâtiment épiscopal, et remarquable par son originalité. Cette salle, d'une forme rectangulaire, était terminée à ses extrémités par deux hémicycles, contenant chacun un trophée. L'un de ces trophées présentait les attributs des arts; l'autre offrait les produits de l'industrie cambrésienne. Au pourtour régnait une galerie destinée à la circulation du public. Des colonnes en paille artistement travaillée prenaient naissance dans des corbeilles de fleurs qui figuraient les bases, et elles étaient couronnées par des touffes d'épis entremêlés de fleurs des champs, en guise de chapiteaux. Il n'était pas possible d'indiquer par des symboles plus ingénieux et plus pittoresques une province agricole. L'architecte a de l'imagination et du talent : il se nomme de Baralle; il a étudié son art à l'école du savant M. Huyot, membre de l'Institut. M. de Baralle fera honneur à son maître, et la ville de Cambrai, en le chargeant de ses travaux, a bien placé sa confiance.

Immédiatement après le repas, le Roi reçut toutes les autorités. Invité à voir un feu d'artifice qui avait été préparé sur la grande place, il voulut y aller à pied. Les façades des maisons, celles des édifices publics, étaient illuminées. Des danses populaires avaient lieu dans les rues; le peuple se livrait avec la franchise flamande aux transports d'une joie sans mélange. Émue de ces démonstrations naïves et animées, Sa Majesté traversa la foule qui se pressait sur ses pas. D'une des fenêtres de l'hôtel-de-ville, elle mit elle-même le feu au dragon d'artifice.

Le lendemain matin, après avoir entendu la messe, Charles X se rendit à la citadelle. La marche triomphale des chars, qui donne à la ville de Cambrai un caractère antique, se développa sous les yeux du Roi. L'examen de cette cérémonie singulière, dont l'origine se perd dans la nuit des temps, m'entraînerait hors de mon sujet. Le Roi visita dans le plus grand détail la belle forteresse construite par les ordres de Charles-Quint et rectifiée par Vauban. Après avoir bien voulu témoigner sa satisfaction aux autorités dans les termes les plus flatteurs, et laissé à Cambrai des marques de sa munificence royale, Sa Majesté quitta la ville. Elle prit la route de Valenciennes.

Les mots heureux, les épisodes touchans, les réponses obligeantes du Roi aux discours inspirés par le respect et l'amour, tout cela sera recueilli par l'histoire. J'ai dû me borner à reproduire l'hommage brillant que les arts se sont empressés de rendre au souverain qui les protége et les fait fleurir par la paix. Le ciel a pris part aux fêtes de la terre : un temps superbe a favorisé toute la journée du 4 septembre, jour de bonheur pour les Cambrésiens, et dont le souvenir restera éternellement gravé dans leur cœur.

Cambrai, le 7 Septembre.

J'ai omis de vous dire que le Roi s'était rendu le soir, à pied, et sans autre escorte que la population de Cambrai, au feu d'artifice tiré le soir même de son arrivée, et que Sa Majesté l'avait allumé de sa main. Comme on exprimait quelque surprise de ce que le Roi n'était pas venu dans sa voiture, avec l'escorte de la garde à cheval : « Je craignais, a ré» pondu Sa Majesté, je craignais beaucoup que ma » voiture ou mes chevaux ne blessassent quelqu'un » dans la foule. » Touchante bonté, qui caractérise bien un Bourbon !

Mgr l'évêque de Cambrai a eu l'honneur d'offrir au Roi le livre de prières de la reine Marie Stuart.

Sa Majesté a reçu avec gratitude cette relique littéraire et historique, en assurant à Mgr l'évêque qu'elle attachait beaucoup de prix à un semblable cadeau. Comme on a été obligé de faire au palais épiscopal beaucoup de dispositions extraordinaires pour que le Roi pût y être logé convenablement, « Je vous ai un peu gêné, a dit le Roi au respec- » table prélat; mais je me trouve fort bien chez » vous. »

Au moment où Sa Majesté entrait à la citadelle, une femme se mit à genoux devant le Roi en présentant un placet: « Relevez-vous, madame, » dit-il avec émotion; relevez-vous, je vous en prie: » il ne faut pas se mettre à genoux devant moi. » Il la rassura ensuite, l'écouta attentivement, et promit d'avoir égard à la demande qu'elle lui avait adressée.

Pendant la visite du Roi à la citadelle, le corps d'officiers du 3e bataillon du 38e de ligne fut présenté au Roi. Sa Majesté, avec la grâce qu'elle sait mettre dans ses moindres paroles, a daigné adresser à M. Meslin, lieutenant-colonel de ce régiment, un de ces mots qui sont pour les uns un encouragement, et pour tous une récompense.

« Vous avez peu de monde ici? — Cent trente » hommes, Sire. — *Peu ou beaucoup, c'est tou-*

» *jours bon, n'est-ce pas?* » ajouta-t-elle en se tournant vers M. Boë, chef de bataillon au même régiment. De pareils mots se gravent à jamais dans le cœur des braves.

Lille, le 5 Septembre.

Cette grande et belle ville de Lille offre dans ce moment-ci l'aspect le plus animé : c'est une agitation inexprimable; on se croirait à Paris, dans les rues Saint-Denis ou Saint-Martin, à midi. La grande place vient d'être déblayée de toutes les baraques qu'on y avait construites à l'occasion de la foire : la rue Équermoise, la plus marchande, est tendue déjà de draperies blanches, qui tiennent d'une maison à l'autre par les fenêtres du dernier étage, de manière à former une espèce de toit; ces draperies seront couvertes de lis d'or et d'autres fleurs. Les maisons les plus apparentes des rues par lesquelles le Roi passera, sont déjà décorées de même. La *porte des Malades*, dite maintenant la *porte de Paris*, est une des plus belles qu'on puisse citer dans ce genre : ce n'est point un arc de triomphe comme la porte Saint-Denis ou Saint-Martin; c'est une véritable porte qui ferme la ville, et qui touche le pont-levis volant : un des architectes les plus habiles du siècle de Louis XIV la fit exécuter, et la ville l'a fait restaurer avec beaucoup de soin. Le frontispice porte en lettres d'or l'inscription suivante :

Senatus Insulensis Ludovico Magno posuit
anno M DC LXXXII.
Civitas Carolo Dilecto restauravit
anno M DCCC XXVII.

Cette inscription est de M. Lafuite, ancien officier d'artillerie, homme de mérite et fort modeste.

A deux cents pas de cette porte, à l'extrémité des fortifications, on a construit un pavillon rond, fort élégant, en coutil rayé jaune, avec franges vertes : c'est dans ce pavillon que se tiendra le maire avec le corps municipal ; il y attendra le monarque, et lui offrira, sur un plateau de vermeil, les clefs, faites en argent. Le pavillon porte cette inscription :

A Charles X le Bien-aimé,
La ville de Lille fidèle et reconnaissante.

Des deux côtés de ce pavillon, on a établi deux tentes fort vastes, en coutil blanc et bleu ; elles sont destinées aux dames et aux fonctionnaires publics.

Le palais qu'habitera le Roi est dans le style italien moderne ; sa construction rappelle en moindre dimension l'hôtel de Salm (Légion d'honneur) à Paris. En avant de l'une des ailes, on a ajouté un balcon supporté par quatre colonnes du même style que celles de l'intérieur. C'est de là que le Roi verra le feu d'artifice qui sera tiré le 8 au soir sur la place

Saint-André, qui se trouve au bout de la rue Royale. Le Roi arrivera à son palais à travers une haie formée des archers et des arbalétriers. Des bals publics auront lieu, le 7 et le 8, sur les places Saint-Martin, Saint-André et de la Housse. Quarante jeunes personnes vêtues de blanc attendront Sa Majesté sur le perron, et deux d'entre elles, Mlle de Murat et Mlle de Muyssart, auront l'honneur de lui offrir une corbeille de fleurs.

Ce palais, qui est la résidence ordinaire de M. le préfet, est meublé aux frais de la ville et par les soins de M. le comte de Murat, et non par le garde-meuble de la couronne, comme celui de Saint-Omer. L'appartement particulier du Roi est tendu en étoffe de Lyon cramoisie : il y a dans la chambre à coucher un très-riche fauteuil en brocart d'or, une Psyché d'une grande dimension; et en face du lit, se trouve un fort beau portrait de feue Mme la Dauphine, mère de Sa Majesté Charles X. Ce portrait, peint par Vanloo, appartient à la famille de M. le comte de Murat.

L'appartement de M. le Dauphin est tendu en bleu et en vert-clair.

S. A. R. le Prince d'Orange est attendu demain.

Lille, le 7 Septembre.

Le Roi a mis près de trois heures pour se rendre de Douai à Lille. Le concours de peuple arrivé de vingt lieues à la ronde était si considérable, que dans un grand nombre d'endroits la route en était encombrée, et que Sa Majesté ne cessait d'ordonner aux postillons de ralentir le pas; souvent elle a fait arrêter la voiture pour recevoir des placets qu'on lui remettait, et qu'elle recevait avec une bienveillance qui a fait dire à un paysan les larmes aux yeux : *Si nous n'aimions pas celui-là, nous serions de bien mauvaises gens.*

Vous ne pouvez pas vous faire une idée du luxe et de l'éclat que les Lillois ont voulu donner à cette réception. Tous les souvenirs nationaux se sont réveillés dans cette circonstance; garde nationale à pied, garde d'honneur à cheval, compagnie de canonniers, compagnie d'arbalétriers et d'archers, corporations manufacturières, *rivageois* [gens des quais et portefaix], tout était en mouvement dès le matin. A l'immense population de Lille s'était jointe celle de tous les villages environnans. Une partie s'était portée à une grande distance de la ville, près d'un magnifique arc de triomphe militaire élevé par les soins du corps municipal pour offrir à Sa Majesté ces mêmes clefs qu'on présenta à Louis XIV en 1667, quand il entra dans Lille en conquérant : l'autre partie garnissait les rues, les places, et les croisées jusqu'au-dessus des toits.

A midi, le canon a annoncé l'arrivée du Roi sous la porte de Paris. Les rivageois avaient déjà dételé les chevaux pour traîner la voiture, quand le Roi a témoigné le desir de faire son entrée à cheval. Ceux qui ont vu la journée du 12 avril à Paris, pourront seuls se faire une idée de celle du 7 septembre à Lille. L'enthousiasme était aussi grand, l'amour aussi expressif, la joie aussi vive, l'affection aussi générale. Les sentimens des Lillois tenaient du délire; ils voyaient Charles X pour la première fois, ils le dévoraient des yeux, et les cris de *vive le Roi*, répétés à-la-fois par soixante mille personnes depuis les remparts jusqu'à la préfecture, où le Roi est descendu, n'ont cessé que long-temps après qu'il est arrivé dans ses appartemens. Quant à l'émotion qu'éprouvait le Roi, on peut s'en faire une idée quand on connaît le cœur si français de ce Prince et son amour pour son peuple : des larmes de plaisir inondaient son visage, et son sourire et ses mouvemens exprimaient tout son bonheur et toute sa reconnaissance.

L'accueil que le Roi a reçu sur toute sa route n'a pas été moins vif, moins ardent, qu'à Lille; mais ici la beauté de la ville, une population réunie en masses immenses, dans cette vaste place, dans la longue rue de Paris et dans cette large et belle rue Royale, tout concourait à donner à l'entrée du Roi un caractère de grandeur et de majesté que ne pouvaient pas avoir les autres villes qu'il a parcourues. L'entrée de Sa Majesté à cheval a merveilleusement contribué à donner un caractère plus éclatant à cette solennité.

Lille, le 8 Septembre.

La ville de Lille, qui n'est française que depuis cent soixante ans, est aussi française que les plus vieilles villes du royaume. Les Lillois, qui ont fait leur éducation monarchique sous la famille des Bourbons, conservent pour elle une fidélité et un amour qui ne se sont jamais démentis. Ils ont accueilli Louis XIV en libérateur, Louis XV en bienfaiteur : aux jours du malheur, ils ont montré tout leur dévouement à Louis XVIII; et aux jours de la prospérité ils entourent Charles X de leur amour. On n'est pas étonné, quand on est témoin de leur enthousiasme, que le Roi ait dit hier que *le jour de son arrivée à Lille était une des plus belles journées de sa vie.*

Les témoignages d'affection dont Sa Majesté est comblée, doublent ses forces et son énergie; elle supporte avec un courage et une ardeur inconcevables les fatigues d'un voyage qui, depuis six jours, ne lui a laissé aucun repos. A peine descendu de cheval hier matin, le Roi a reçu les autorités; il a déjeûné debout dans son salon, et n'a donné que quelques minutes aux personnes de sa suite pour leur toilette, en leur disant gaiement : *Messieurs, il faut que j'aille à mes affaires.* A une heure, il est monté en calèche, et s'est fait conduire à la mairie, où se trouvaient réunis les produits de l'industrie du département du Nord; il a donné toute son attention à chaque objet, et s'est informé avec soin des progrès de chaque genre de produits; il a tissé lui-même, en tournant une manivelle, une aune de ruban par un nouveau procédé.

En sortant de la mairie, Sa Majesté s'est fait conduire dans les manufactures les plus importantes; elle a visité celle de M. Scrive, celle de M. Thierry, et celle de M. Mille, l'une des plus belles filatures du département. Elle a questionné les chefs d'atelier, les contre-maîtres et les ouvriers, sur chacune des parties de leur travail, et a examiné dans les moindres détails le mécanisme de chaque métier.

En sortant de chez M. Mille, Sa Majesté a témoigné le desir d'aller voir l'hôpital général, fondé en 1738 sous l'intendance de M. de la Granville. Sa Majesté s'est fait conduire dans toutes les salles par les administrateurs, et a remercié avec bonté les sœurs de la charité des soins qu'elles donnaient aux pauvres vieillards et aux jeunes orphelins qui leur sont confiés. Elle a laissé en sortant de nombreux témoignages de sa pieuse charité.

Il était près de sept heures quand le Roi est rentré dans son palais; une table de vingt-cinq couverts attendait Sa Majesté. Elle-même en a désigné les convives, et, pendant que la musique des régimens exécutait des symphonies militaires, le public a été admis à circuler autour de la table.

A neuf heures, Sa Majesté est montée en voiture pour se rendre au bal que la ville lui offrait. Ce bal a été digne par son éclat de la ville de Lille; six cents femmes brillantes de jeunesse et de beauté étaient réunies dans la belle salle de concert, décorée avec un luxe incroyable. Sa Majesté a adressé à chacune de ces dames les complimens les plus obligeans et les plus gracieux. Elle a témoigné le plaisir qu'elle éprouvait à voir les danses animées des premiers quadrilles, et, après avoir parcouru le bal pendant près d'une heure, elle est rentrée dans son palais à onze heures; elle y a été accompagnée par une foule innombrable réunie dans les rues qu'elle devait parcourir, et qui n'a cessé que très-avant dans la nuit de faire entendre les plus vives acclamations; des distributions nombreuses de vivres et de bière avaient été faites le matin, par les soins du maire, à plus de vingt mille individus.

Lille, le 8 Septembre.

Le Roi est infatigable; on admire ici son activité et son ardeur. Hier, en descendant de cheval, il a reçu dans les salons de l'intendance toutes les autorités et un grand nombre de personnes présentées.

Aussitôt les présentations terminées, Sa Majesté est montée en calèche et est allée visiter l'exposition des produits de l'industrie du département du Nord, et s'est fait conduire dans les principales manufactures de la ville. Après avoir visité celle de M. Thierry-Virnot, celle de M. Scrive, elle a témoigné le desir de voir la belle filature de M. Mille-Desmont. Les procédés et les nouvelles machines employés par ce fabricant ont attiré particulièrement ses regards; elle a surtout été frappée d'une machine qui sert à transporter les marchandises du rez-de-chaussée au troisième étage, et qui se compose d'échelles d'une grande légèreté; elle a témoigné le desir d'y monter : quelques personnes cherchaient à l'en détourner. Alors le Roi s'adressant à M. Mille : *Vos ouvriers montent-ils par là?* — Oui, Sire, lui a répondu ce fabricant, ils y montent et en descendent chargés. — *En ce cas*, a dit le Roi en riant, *je puis bien y monter aussi*. Après avoir visité tous les ateliers et laissé partout aux ouvriers des témoignages de sa munificence, le Roi est allé visiter l'hôpital général.

A neuf heures, le Roi, qui avait bien voulu accepter un bal que lui offrait la ville de Lille, est monté en voiture pour s'y rendre; il a trouvé dans la belle salle de concert, décorée avec une rare magnificence, l'élite des dames de la ville, parées avec un goût et une recherche infinis. Sa Majesté a parcouru les deux salles en adressant à chacune d'elles les paroles les plus flatteuses; elle a surtout adressé ses complimens à Mme la comtesse de Murat, à Mme de Rottembourg, et a dit les choses les plus aimables à Mlle Rouvroy de la Mairie, l'une des plus jolies personnes de ce bal, où les jeunes et jolies femmes étaient en grand nombre. Sa Majesté, après avoir vu danser plusieurs quadrilles et s'être pendant long-temps promenée dans les salons, a quitté le bal à dix heures et demie, et est rentrée dans son palais, vivement émue, comme elle l'a dit elle-même, d'*une des plus belles journées de sa vie.* La ville était illuminée avec un éclat surprenant; et la foule, qui n'a pas cessé un instant de se presser sur les pas du Roi dans tous les lieux où il allait, est restée jusqu'à minuit devant le palais de l'intendance à faire retentir l'air des cris de *vive le Roi.*

Ce matin, à sept heures, le Roi est allé entendre la messe à l'église Saint-André; il y est allé presque sans suite, et a été reçu par le curé au portail avec le cérémonial d'usage. En sortant il a distribué quelques aumônes, et a dit au curé : *Monsieur le curé, priez Dieu qu'il bénisse mon royaume.* Sa Majesté a visité pendant toute la matinée un grand nombre d'établissemens publics.

A onze heures et demie, M. le Dauphin est arrivé à Lille; il est allé, en descendant de voiture, présenter ses devoirs à son auguste père, et dix minutes après ils étaient l'un et l'autre à cheval pour aller voir l'hôpital militaire. Le Prince d'Orange, qui était arrivé dès le matin, avait obtenu du Roi la faveur d'accompagner Sa Majesté. En sortant de l'hôpital militaire, où elle est restée près d'une heure à examiner cet établissement, qui depuis 1814 a été formé en école d'instruction, Sa Majesté est allée en grand cortége, précédée de la garde nationale à cheval, d'un détachement du 6ᵉ régiment de chasseurs et de tout l'état-major de la division, passer en revue sur l'esplanade toutes les troupes de la garnison.

A la suite de cette revue, le Roi s'est rendu à la citadelle, chef-d'œuvre de Vauban, et où le maréchal de Boufflers a laissé de si grands et de si glorieux souvenirs. Après avoir visité cette citadelle dans le plus grand détail, et avoir mis le feu lui-même à deux pièces de rempart, Sa Majesté est allée visiter la filature du général Bertrand à la Marcq. Cet établissement, l'un des plus beaux de France, a pour moteur unique une machine à vapeur plus forte et plus remarquable que les plus belles de l'Angleterre. Au moment où j'écris, le Roi se rend au spectacle; tout retentit des cris de *vive le Roi* sur son passage.

Lille, le 8 Septembre.

En quitant la Picardie pour entrer dans la Flandre française, le Roi n'a trouvé ni moins d'amour ni moins de dévouement. Le département du Nord a donné encore plus d'éclat à la réception qu'il a faite à un Prince qui, pour la première fois, se montrait en Roi dans ces contrées. Sa Majesté, en arrivant à Cambrai, est descendue à l'évêché, et malgré les fatigues de la journée, après avoir fait vingt-huit lieues et avoir marché plus de cinq heures à Laon, à la Fère et à Saint-Quentin, elle a voulu recevoir les autorités, et avant et après son dîner Sa Majesté s'est occupée d'affaires et d'audiences particulières. Le lendemain 5, à huit heures du matin, elle a entendu la messe dans cette même église, au pied de ce même autel où Fénelon demandait à Dieu, pendant sa disgrâce, sa faveur pour le royaume de Louis XIV, et la conservation de sa postérité. A neuf heures, Sa Majesté parcourait à pied la ville, et visitait les fortifications et les établissemens publics. Sur la grande place elle a été arrêtée par la réunion des chars chargés de jeunes filles et de musiciens; les unes lui présentaient des fleurs, les autres exécutaient des symphonies et des airs nationaux. Ces chars, d'une forme antique et d'une grande richesse, font partie des cérémonies d'une fête qui se célèbre tous les ans à Cambrai le jour de l'Assomption, et ne sortent que dans les grandes occasions; le Roi a paru charmé de la beauté de ce spectacle.

Sa Majesté est montée en voiture à onze heures, et a pris la route de Valenciennes aux acclamations de toute la population; une foule immense de citoyens de toutes les classes l'a accompagnée bien loin hors des portes.

Le Roi est arrivé de très-bonne heure à Valenciennes. Son logement lui avait été préparé dans une des maisons les plus distinguées de la ville, où de grands préparatifs avaient été faits pour le recevoir. Après s'être reposé quelques instans dans ses appartemens, il est sorti à pied; et, accompagnée du lieutenant général Rogniat, et du colonel Huz, qui dirige les travaux de la place, Sa Majesté a visité avec la plus scrupuleuse attention l'état des fortifications, et est entrée dans les moindres détails sur l'exécution des plans qui lui ont été soumis.

A Douai, où Sa Majesté est arrivée hier à deux heures de l'après-midi, le même élan s'est continué. Comme à Cambrai et à Saint-Quentin, les chevaux de la voiture ont été dételés; l'enthousiasme de ces braves Flamands ne leur a pas permis d'entendre les ordres du Roi. Sa Majesté est descendue de voiture et s'est rendue chez les dames Pamart, qui avaient offert leur hôtel, le plus beau et le plus commode de Douai. Le Roi avait accepté cette offre sur la réputation de piété et de bienfaisance de ces demoiselles. Les demoiselles Pamart sont deux sœurs très-âgées qui jouissent d'une fortune considérable, et que soixante ans passés dans des pratiques de vertu et de religion ont rendues l'objet de la vénération publique; une grande partie de leurs riches revenus est employée en aumônes et en fondations pieuses. On devine aisément que le Roi devait éprouver une grande satisfaction d'honorer de sa présence une maison si respectable: aussi Sa Majesté leur a-t-elle témoigné en partant et ses remercîmens et le souvenir qu'elle garderait toute sa vie de leur touchant accueil.

Des préparatifs immenses et qui n'appartiennent qu'à une grande ville ont été faits à Lille pour la réception du Roi. Lille tient à ce titre précieux qui lui a été donné par Louis XVIII de *ville fidèle et reconnaissante ;* elle l'a consacré sur le magnifique arc de triomphe qu'elle a fait élever à l'entrée du faubourg. C'est là que, sous une tente entourée de trophées guerriers, le corps municipal et toutes les autorités du département se sont rendus ce matin à neuf heures pour attendre l'arrivée du Roi. A deux lieues de la ville, plus de trente mille ames des communes environnantes bordaient la route en habits de fête; dans la ville, les rues où devait passer le Roi étaient sablées, pavoisées, garnies de draperies blanches et de guirlandes; toute la garnison était sur pied; plus de cinq cents hommes de garde nationale bordaient la haie depuis la porte de Paris jusqu'à l'hôtel de la préfecture. Une garde d'honneur à cheval, composée des habitans les plus riches de la ville, s'était portée au devant de Sa Majesté et devait seule lui servir d'escorte. A onze heures et demie, le canon de la citadelle a annoncé l'arrivée du Roi. Un cri général de *vive le Roi* a retenti au même instant dans toute la ville. Un grand nombre de portefaix et de gens du quai, qu'on nomme ici les *rivageois*, en costume du pays et le chapeau couvert de fleurs, s'étaient portés au-delà des remparts pour traîner la voiture du Roi; Sa Majesté les a remerciés gracieusement, et a voulu faire son entrée à cheval. Cette manière de se présenter dans une ville où elle paraissait pour la première fois a jeté un éclat infini sur son entrée. Le Roi jouissait par ce moyen de tous ses avantages; chacun pouvait admirer la bonté et la grâce de sa personne; on prenait part à son bonheur. A la vue de cette immense population qui faisait retentir l'air de ses acclamations, des larmes de joie coulaient de ses yeux : c'était pour lui la belle journée du 12 avril 1814 et sa touchante entrée du 30 septembre 1824; on lisait dans ses regards qu'un pareil jour et un pareil peuple ne sortiraient jamais de son cœur.

Le passage du Roi a laissé sur toute la route des souvenirs qui ne s'effaceront jamais. Ses manières franches et nobles lui gagnent tous les cœurs; il n'est personne qui lui soit présenté à qui il ne dise un mot obligeant.

Le 7, à midi précis, des salves d'artillerie ont annoncé l'approche du Roi. Sa Majesté est arrivée sous le pavillon, où M. le comte de Muyssart lui a présenté les clefs dorées et l'a complimentée. Sa Majesté était descendue de voiture; elle a répondu fort gracieusement à M. le maire, et s'est arrêtée un instant pour admirer le point de vue très-remarquable que présente le pays : de là, en effet, on apercevait à peu de distance plusieurs centaines de moulins à vent pavoisés de drapeaux. Le Roi s'est avancé sur les glacis et a trouvé M. le baron Dejean, commandant d'armes, avec tout son état-major; cet officier général a présenté au monarque, sous la première porte, les clefs argentées : alors s'est fait le simulacre de baisser les ponts-levis, et le Roi s'est avancé dans la grande rue de Paris, dont l'aspect est difficile à décrire. Des acclamations extraordinaires ont accueilli partout Sa Majesté; le visage si naturellement gracieux et ouvert du Prince l'était encore davantage et respirait le bonheur : des souvenirs de jeunesse venaient ajouter à cette émotion; car le Roi vint à Lille à l'âge de dix-huit ans, lorsqu'il alla visiter Dunkerque.

Sa Majesté a été obligée de fendre la foule; arrivée à la moitié de la rue Esquermoise, l'élan a redoublé : j'ai vu le moment où on allait porter le Roi avec son cheval. Le cortége se composait d'un peloton de chasseurs du 6e, et de deux pelotons de gardes d'honneur; M. le duc de Mortemart et M. le duc de Luxembourg, capitaines des gardes, marchaient immédiatement devant le Roi, qui portait l'uniforme blanc brodé en argent, et montait un superbe cheval bai clair, couvert d'une riche housse de velours cramoisi brodé en or. Arrivée à la tête des dragons du 5e, qui bordaient la haie, Sa Majesté s'est arrêtée, et s'est entretenue d'une manière bienveillante avec le lieutenant-colonel de ce régiment.

13..

Quelques pas plus loin, un paysan s'est approché du Roi (car aucune garde ne l'empêchait) et a présenté un placet roulé. Cet homme était tellement ému, qu'il n'a pas seulement pensé à ôter son chapeau; ce qui n'a pas empêché le Roi de recevoir le placet avec bonté. Lorsqu'un des officiers de l'escorte s'est avancé vers le pétitionnaire, ce malheureux a laissé voir, en se retournant, son visage inondé de pleurs. Le Roi est arrivé au travers des transports d'allégresse à son palais; il a mis pied à terre, et s'est avancé vers le perron, où se trouvaient quarante-cinq demoiselles. Mlles de Murat et de Muyssart lui ont offert des fleurs, et Mlle Antonine de Murat, âgée de seize ans, lui a adressé le compliment ci-après :

« SIRE,

» Votre touchante bonté ne dédaignera-t-elle pas d'accueillir les témoignages d'un amour qui nous fut transmis en héritage? car les premiers mots que dans une autre journée bégaya notre enfance sont encore ceux que nous dictent aujourd'hui nos cœurs, et les mêmes que ces heureuses et vastes contrées répètent toujours avec nous. *Vive le Roi!* »

Le Roi, qui s'était penché avec bonté pour mieux entendre, a répondu :

« Croyez, Mesdemoiselles, que les sentimens » que vous m'exprimez touchent beaucoup mon » cœur, et surtout quand ils sont exprimés par vos » bouches. »

Le Roi a trouvé dans les premiers appartemens les juges, le clergé, et MM. les députés du département du Nord, M. le comte de Labazèque, M. Barrois, M. Poteau d'Hancarderie et M. de Bully d'Hécourt; les autres députés de ce département remplissant les fonctions municipales ou administratives. Sa Majesté a permis que les demoiselles qui l'avaient reçue au perron lui fussent présentées deux à deux et en les nommant.

Sa Majesté est entrée dans son appartement, et, en apercevant le portrait de sa mère, elle a paru vivement touchée de l'attention délicate de Mme la comtesse de Murat.

Saint-Omer, le 11 Septembre.

Hier, le Roi a entendu la messe dans ses appartemens; ensuite Sa Majesté est montée à cheval pour aller aux Bruyères. L'enthousiasme a égalé celui de Lille : il était d'autant plus grand, que depuis vingt-quatre heures la population de cette ville a doublé. La distance du palais aux Bruyères est égale à celle de la place des Victoires au Champ-de-Mars; et comme le chemin est fort encaissé, le peuple avait pu se placer fort commodément sur les rebords, et les couvrait entièrement : c'est au travers de cette haie que Sa Majesté est arrivée sur le plateau, à onze heures un quart. Elle portait l'uniforme bleu sans broderie, et montait un cheval blanc, le même qu'elle montait au sacre. M. le Dauphin, également en habit bleu sans broderie, montait un cheval noir de race arabe. Sa Majesté avait un état-major magnifique, tel qu'elle n'en a jamais eu à Paris : il se composait au moins de trois cents personnes, dont cinquante généraux en grande tenue, et cent cinquante officiers généraux ou supérieurs anglais et belges. Le Roi avait à sa droite S. A. R. le Prince d'Orange, et à sa gauche M. le Dauphin.

Les troupes avaient été réunies à dix heures : elles composaient trois divisions formant seize mille hommes en tenue de parade. La ligne rasait d'un côté le chemin de Saint-Omer, et de l'autre le ravin qui sépare le plateau de la montagne de la Coupe. Les troupes du génie occupaient l'extrême droite, et le 64e de ligne, l'extrême gauche ; la brigade Crillon, le centre. La cavalerie, formée en seconde ligne, se composait de quinze escadrons, la cavalerie légère à la droite. Chaque homme avait sur son porte-manteau une demi-botte de foin roulée en bouchon. L'artillerie, partagée en deux demi-batteries, appuyait les deux ailes de la cavalerie. Le plateau était couvert de spectateurs ; il y avait beaucoup de dames, de voitures élégantes, et de chariots dans lesquels on voyait entassés des fermiers avec leurs familles, venus de dix lieues : on voyait également des paysans en habits de fête à cheval, ayant en croupe leurs femmes.

Grâce aux ordres précis du Roi, ces paysans empressés n'étaient point repoussés, et ils pouvaient approcher pour voir de très-près le monarque. M. le général Curial, commandant supérieur, s'est avancé seul au-devant de Sa Majesté, qui a commencé aussitôt sa revue : elle a passé devant le front de l'infanterie, a adressé la parole à beaucoup d'officiers ; elle a examiné en détail l'artillerie, s'est arrêtée pendant quelque temps à une batterie, en la faisant remarquer au Prince d'Orange, et a dit aux deux officiers d'artillerie et du train : « On m'a parlé de la manière » distinguée avec laquelle vous servez ; j'en suis » fort satisfait, comptez sur ma bienveillance. »

Pendant la revue, les spectateurs se pressaient auprès des lignes, et faisaient entendre les plus vives acclamations ; les soldats, à qui la discipline défend les cris sous les armes, paraissaient vivement émus à la vue de leur Roi. La revue a duré une heure. Tandis que le Roi voyait la cavalerie, M. le comte Curial a fait rompre la ligne d'infanterie par section ;

et cette troupe s'étant formée en colonne serrée, à distance de peloton, s'est dirigée vers la montagne de la Coupe, et la première division, aux ordres de M. le général Billard, a occupé les hauteurs. La cavalerie s'est disloquée à son tour au commandement de *par la droite, rompez par peloton pour marcher vers la gauche.*

La cavalerie, arrivée au ravin, s'est partagée en deux divisions : la première est restée avec les deux dernières divisions d'infanterie, et la seconde est allée joindre le pied de la montagne. Il était une heure et demie lorsque Sa Majesté est venue se placer sur le haut de la Coupe ; de là elle pouvait très-bien distinguer la scène qui allait se développer. On lui a remis le plan de la manœuvre dessiné par les officiers d'état-major général. Les manœuvres se sont divisées en deux actions : la première était l'attaque de la position par les deux flancs. Les assaillans, soutenus par l'artillerie, ont été vigoureusement repoussés et se sont trouvés à leur tour attaqués sur leur propre terrain par la cavalerie ; ce qui a nécessité la formation des carrés. Tous ces mouvemens ont été exécutés d'une manière brillante ; les soldats et les chefs, stimulés par la présence de leur Prince, ont montré une ardeur extraordinaire : il ne s'est point fait un seul mouvement faux ; les feux de peloton, de bataillon et de demi-bataillon se sont faits avec une rare perfection.

M. le Dauphin, accoutumé à voir manœuvrer la garde, témoignait hautement sa satisfaction; la cavalerie a présenté des mouvemens ingénieusement combinés. Après un repos de quelques instans, on a exécuté le passage des lignes dans toutes ses circonstances avec une admirable précision. Les colonnes s'étant formées de nouveau et ayant passé devant les Princes, le Roi est monté dans sa calèche découverte avec M. le Dauphin et M. le Prince d'Orange. Sa Majesté est rentrée à cinq heures un quart; son brillant état-major a toujours suivi, quoique ce ne fût point de rigueur, puisque le Roi n'était plus à cheval.

En descendant à son palais, Sa Majesté a fait reconduire M. le Prince d'Orange chez lui dans sa calèche, et accompagné par plusieurs de ses aides-de-camp.

Les généraux du camp et six ou huit chefs de corps ont eu l'honneur de dîner avec le Roi, qui, pendant le repas, leur a témoigné de nouveau sa satisfaction pour l'habileté avec laquelle les manœuvres avaient été exécutées. Sa Majesté a daigné s'informer avec bonté, auprès des colonels, de la position de leurs hommes, de leurs besoins, de leur santé.

J'oubliais de vous dire que, dans le courant de la manœuvre, plusieurs officiers anglais ont examiné avec une sorte d'avidité le jeu de notre artillerie, et en ont paru émerveillés.

Le soir, il y a eu réception. Les officiers anglais sont venus faire leur cour au Roi.

Saint-Omer, le 11 Septembre.

Pendant les jeux militaires qui ont été exécutés devant le Roi, Sa Majesté s'est tenue sous sa tente, ou grand pavillon rond à jour, soutenu par des trophées d'armes, et décoré de drapeaux blancs. Dans l'enceinte circulaire, s'étaient réunies plus de trois mille personnes. Des dames élégamment parées occupaient les premiers rangs. Une seconde barrière arrêtait la foule qui se pressait alentour. La voiture de M. le comte de Bourbon-Busset, lieutenant général, était restée dans l'enceinte, et les chevaux débridés ont parcouru l'intervalle laissé entre les deux barrières : ils ont causé un moment de frayeur; mais heureusement ils ont été arrêtés par la chute de la voiture en avant d'un ravin profond. Deux personnes ont été légèrement blessées. Les jeux n'ont commencé qu'après que le Roi, qui suivait avec inquiétude la direction de la voiture, eut été assuré de l'état des choses.

Vingt-quatre soldats ont d'abord exécuté des exercices d'escrime;

Deux courses à pied, l'une avec armes et bagages.

Des soldats montés sur des échasses, avec leur fusil au bras, ont exécuté diverses manœuvres.

Enfin de jeunes soldats ont formé des danses, tenant à la main des cerceaux garnis de fleurs avec lesquels ils ont figuré le chiffre de Charles X.

Tout-à-coup ces danses ont été interrompues par quelques coups de fusil tirés dans le lointain. La générale a battu, et tous les soldats ont couru à leur poste. Cette alerte, ce mouvement imprévu et la rapidité de son exécution, ont paru satisfaire Sa Majesté.

Saint-Omer, le 12 Septembre.

Le Roi continue à jouir de la meilleure santé, et elle n'a pas été un instant altérée pendant le cours du voyage. Dans toutes les villes où Sa Majesté s'est arrêtée, elle a montré qu'elle était infatigable tant qu'il s'agissait de répondre au vœu de sujets fidèles et dévoués et de se trouver au milieu d'eux. Les habitans de Laon, de Cambrai et de Valenciennes ne peuvent oublier que Charles X a voulu parcourir leurs villes à pied, et qu'ils ont eu la satisfaction de considérer de plus près les traits d'un monarque chéri. J'en ai entendu s'écrier avec enthousiasme : « Quel bon Roi ! C'est un digne fils d'Henri IV ! celui-là ne craint pas de se mêler avec son peuple ! »

Il semblait qu'arrivée à Saint-Omer Sa Majesté allait prendre un peu de repos : mais chaque jour ce sont de nouveaux exercices. Avant-hier, le Roi avait visité les salles du premier étage de l'hôpital militaire, en parlant avec bonté à tous les malades. M. Pechaut de la Martinière, sous-intendant militaire, qui accompagnait Sa Majesté, craignant qu'elle ne fût fatiguée, lui demanda si elle voulait aller plus haut. — Oui, certainement, dit le Roi avec un accent d'intérêt ; j'irai partout. Hier Sa Majesté était restée cinq heures à cheval, se portant au galop sur les divers points d'attaque, afin de suivre de près tous les mouvemens des corps d'armée.

Au bal de la ville, il y avait tant de monde, et surtout tant de militaires, qu'il n'était pas facile d'ouvrir un passage à Sa Majesté. On avait en vain invité un jeune officier à se retirer en arrière ; les yeux fixés sur le Roi, il ne bougeait pas de sa place. Le Roi, s'en apercevant, arrive à lui, et lui dit avec une extrême bonté : « Aujourd'hui, Mon-
» sieur, en arrière pour moi, je vous en prie ; plus
» tard, vous irez en avant. »

M. Saulé, sous-préfet d'Hazebrouck, se trouvait à

ce bal; le Roi l'apercevant a daigné lui dire : « C'est » très-bien à vous, Monsieur, d'être venu d'Hazebrouck pour prolonger le plaisir que j'ai de vous » voir. »

Lorsque le Roi se disposait à visiter les ruines de l'église de Saint-Bertin, il y eut un moment d'hésitation. Le vent soufflait avec violence sur les arceaux délabrés et qui paraissent suspendus dans les airs. Il était fort à craindre que quelques pierres ne s'en détachassent, et l'on pressait le Roi de se contenter de considérer ces ruines de l'extérieur de leur enceinte; mais le Roi en riant a déclaré ne vouloir rien entendre, et a visité l'intérieur du monument dans tous ses détails. Le tombeau de Chilpéric a reposé dans cette abbaye. C'est depuis quelques années qu'elle est tombée en ruine, par suite du vandalisme révolutionnaire : l'eau s'est infiltrée, et les voûtes se sont écroulées. La ville de Saint-Omer a racheté le terrain, pour conserver ce qui reste d'un beau monument gothique.

C'est par des traits pareils à ceux que je cite entre mille, que le Roi entretient et renouvelle partout sur son passage l'enthousiasme que sa présence inspire à la population qui se presse librement autour de lui. Habitans, cultivateurs, soldats, tous n'ont qu'un langage, qu'une voix, qu'un cri. Dans les villes, dans les hameaux, dans les camps, tout bénit un Roi qui a pour chacun le mot propre, parce qu'il est le mot du cœur. Il n'y a point d'exagération à le dire, ce voyage est un long enchantement; et personne n'a le droit de se croire fatigué quand le maître ne l'est pas.

Saint-Omer, le 12 Septembre.

Depuis que je vous ai parlé du camp pour la première fois, l'aspect en a bien changé; les soldats ont mis le plus grand soin à l'embellir : les allées sont sablées; elles portent les noms de rues du *Roi*, du *Dauphin*, d'*Assas*, de *Condé*, de *Lescure*; et des bandes de gazon verdissent autour des tentes : ce qui est d'autant plus agréable à l'œil, que cette plaine est extrêmement aride. Chaque régiment a paré le devant de son front de bandière d'une manière plus ou moins ingénieuse; mais tous se sont accordés pour exprimer par des devises l'amour qu'ils portent à la famille régnante. Le 30e régiment a fait élever un monument où l'on voit les bustes de Madame, Duchesse de Berry, et de ses deux enfans. L'inscription porte :

Nos cœurs pour les aimer, nos bras pour les défendre.

Le 26e a déployé un grand luxe dans ses dispositions; il a placé au point central de sa ligne une colonne surmontée du buste de Mme la Dauphine, avec cette inscription :

Vivre pour l'aimer, mourir pour la défendre.

Chaque faisceau de fusils du 26e est orné d'une couronne de laurier et d'une devise en l'honneur de l'auguste Princesse. Parmi ces nombreuses inscriptions, qui toutes sont remarquables par leur précision, on en remarque une surtout, digne d'être appréciée par l'héroïne de Bordeaux : *Nous lui portons des sentimens bordelais*. Le 14e de ligne a élevé un monument d'une très-grande dimension; le buste d'Henri IV y domine, et autour de lui se groupent ceux de la famille régnante. Le régiment du génie, qui forme l'extrême droite, a placé devant ses tentes un trophée d'armes véritable, surmonté du buste du Roi. Un sapeur a exécuté sur le gazon et en relief le plan du fort d'Euringhem : ce travail est fait avec beaucoup de talent. Il y a dans le camp plus de cent cinquante bustes du Roi ; et ce qui n'est pas moins extraordinaire dans tous ces apprêts, c'est que les soldats n'ont eu recours à personne pour les terminer. Ces trophées sont l'ouvrage de leurs mains : ils ont modelé toutes ces images royales avec la pierre de craie tirée des montagnes voisines.

Le Roi est monté à cheval à sept heures du matin, et s'est rendu au fort d'Euringhem, où le 13e de ligne a exécuté devant Sa Majesté l'attaque des deux demi-lunes : cette manœuvre a duré deux heures et demie. Pendant tout ce temps, le canon n'a pas cessé de tonner ; les assiégés, poussés vigoureusement, ont été obligés d'abandonner les travaux extérieurs pour se retirer dans le corps de la place, qui sera attaqué samedi prochain. Le Roi, après avoir témoigné sa satisfaction au général en chef, a quitté le terrain et s'est rendu sur le plateau d'Elfaut pour y entendre la messe. L'autel étant disposé, M. l'aumônier du camp a officié ; une division en armes formait la haie : le reste des troupes sans armes s'était formé en masse, et plus de dix mille spectateurs non militaires et de toute condition se pressaient dans cette vaste plaine. Au moment de l'élévation, cent tambours battaient au champ. A l'issue de la messe, le Roi a visité dans le plus grand détail une partie du camp. Le déjeûner que M. le lieutenant général comte Curial a offert à Sa Majesté, a eu lieu dans le pavillon dont je vous ai parlé, et qui n'est terminé que depuis peu de temps. C'est une espèce de rotonde drapée en bleu avec broderie d'or et d'argent, le tout d'une élégance et d'une légèreté admirables ; une galerie également drapée en bleu conduit à une vaste tente de coutil rayé, dans laquelle était préparée une table de cent couverts. Sur les côtés, une autre tente plus petite renfermait une table pour les officiers de service, et sur la gauche, trois autres tentes étaient occupées par les gens. L'intérieur de la tente était entouré de trophées d'armes et de consoles supportant des vases de fleurs, ornés du chiffre du Roi. Autour du pavillon étaient placés des orangers et d'autres arbustes précieux, qu'un vent violent a souvent renversés. Sur le terrain où est bâti le pavillon serpentent de petites allées sablées comme dans un jardin anglais. L'enceinte réservée aux dames, dans laquelle on n'entrait qu'avec des billets, était entourée de lances figurant une balustrade : Mme la comtesse Curial faisait les honneurs de cette réunion, où étaient rassemblées un grand nombre de dames élégamment parées et appartenant aux premières maisons d'Arras, d'Amiens, de Lille, de Douai; Mme Curial était secondée dans ce soin par les dames et les demoiselles des généraux et des colonels du camp.

A l'issue du déjeuner, le Roi est allé visiter le camp une seconde fois; et comme il arrivait à chaque instant des curieux de la ville et des pays voisins, le plateau d'Elfaut a été bientôt couvert d'une foule innombrable; les acclamations les plus vives et les plus bruyantes n'ont cessé d'accompagner le Roi dans sa marche. On estime qu'il y avait sur le terrain cinquante mille personnes. Je n'ai jamais vu rassemblé un si grand nombre de chars de toutes les formes : équipages à quatre chevaux, voitures, chariots, charrettes; on ne peut pas se figurer le mouvement qui régnait dans ce lieu. A deux heures, Sa Majesté est rentrée au pavillon, accompagnée d'une suite brillante. Ces uniformes riches et variés, ces chevaux d'une rare beauté, couverts de housses magnifiques, offraient un coup-d'œil ravissant : c'était une pompe vraiment royale. Parmi les officiers étrangers mêlés dans le cortége on remarquait un colonel de grenadiers qu'on dit être le fils du duc de Clarence.

Les soldats du camp étant sans armes lors de la visite, il leur a été permis de manifester leur bonheur par mille cris, et je vous assure qu'on les entendait de loin.

Le Roi, dont le visage rayonnait de joie, est resté quelques instans debout sous le pavillon, adressant la parole aux personnes qui l'entouraient; tous les spectateurs étaient ravis de contempler de si près les traits de leur souverain. Sa Majesté l'ayant permis, les jeux militaires ont commencé : vingt soldats, en gilet et pantalon blanc, ont exécuté des coups d'escrime très-brillans; le Roi s'est montré extrêmement satisfait de ce noble exercice, pour lequel les Français ont tant de dispositions. Les champions s'étant séparés après un quart d'heure de lutte, les courses sans armes ni bagages ont commencé, et ont été suivies d'autres courses avec armes et bagages, dont le prix a été gagné par un sapeur. Puis sont venus les Basques, montés sur des échasses, et précédés d'un petit garçon de deux pieds et demi de haut, vêtu d'un costume de tambour-major, et dont la gravité était très-divertissante. Ces Basques ont exécuté, sans cesser de courir, le maniement d'armes et la charge à volonté, manœuvre très-difficile. Les Provençaux ont succédé aux Basques, et ont exécuté leurs danses avec une agilité vraiment extraordinaire, tandis qu'une musique charmante faisait entendre les plus jolis airs de l'opéra d'*Aline*.

Pendant que ces jeux occupaient l'attention générale, un cri prolongé, *Aux armes!* a retenti sur plusieurs points; et une nuée d'aides-de-camp est venue annoncer que le camp était attaqué. En effet, le douzième de ligne, en garnison à Saint-Omer, arrivait avec le dessein simulé de surprendre les avant-postes et d'enlever les travaux avancés qui défendaient les approches du camp : aussitôt on a quitté les jeux pour voler au combat, image véritable du caractère français; le bruit du canon a remplacé les airs ravissans d'*Aline*; on a couru au-devant de ces trouble-fête, qui, en bonne justice, ont été repoussés; après avoir vainement tâté les points les plus vulnérables du camp, ils ont déterminé leur mouvement de retraite par le pont de

Blandèque. Sa Majesté s'est portée à l'endroit de l'attaque, et a suivi avec beaucoup d'intérêt tous les mouvemens des deux partis.

Le Roi est rentré dans Saint-Omer, à quatre heures, très-satisfait de cette journée, qu'a favorisée le plus beau temps du monde, ce qui est d'autant plus heureux que la pluie dans cette saison est très-fréquente à Saint-Omer.

La suite du Roi dans cette journée était des plus brillantes et des plus nombreuses. Le prince d'Orange n'a pas quitté un seul instant Sa Majesté, et a pris le plus vif intérêt à tout ce qu'il a vu. On a remarqué dans le nombre des personnes qui faisaient partie de la cour, M. le baron de Fagel, le lieutenant-colonel des grenadiers de la garde du roi d'Angleterre; M. Fitz Clarence, fils du duc de Clarence; le prince Dolgorowski et un grand nombre d'officiers belges et anglais de haute distinction.

Il était beau de voir entouré de toute la majesté royale, au milieu d'un camp, ce prince modèle des chevaliers français, qui, à peine sorti de l'adolescence, était allé gagner ses éperons sous les batteries de Gibraltar, dans les mêmes contrées où son auguste fils devait se couvrir de gloire cinquante ans plus tard; il était beau dis-je, de le voir conserver, un demi-siècle après, toute l'ardeur et toute la grâce de ses premières années.

Saint-Omer, le 13 Septembre.

Depuis que Sa Majesté est ici, la ville de Saint-Omer n'offre qu'un aspect de fêtes : toutes les pensées sont tournées vers le Roi; tandis que tous les cœurs sont pénétrés d'un sentiment inaltérable de dévouement et d'amour, chaque maison présente à l'extérieur l'expression de ce même sentiment, reproduite par des emblèmes, des devises, placés sur des drapeaux fleurdelisés qui flottent à toutes les fenêtres. Parmi les illuminations qui tous les soirs remplacent la clarté du jour, on distingue les transparens qui décorent le balcon de l'hôtel-de-ville, du haut duquel, il y a trois siècles, Charles-Quint présentait son fils Philippe aux Artésiens.

Le service de l'intérieur du palais est fait par les gardes-du-corps, celui du dehors par les compagnies d'élite des régimens d'infanterie; chaque régiment de cavalerie fournit un demi-escadron avec le colonel ou chef d'escadron, et l'étendard. Chaque matin, un aide-de-camp du Roi va inviter à dîner S. A. R. le prince d'Orange, de la part de Sa Majesté.

Hier matin, le Roi a visité la ville et entendu la messe à la cathédrale. Par une fausse interprétation de ses ordres, on avait limité les permissions d'entrée dans le lieu saint; le Roi a ordonné sur-le-champ que toutes les portes fussent ouvertes; de sorte qu'en peu d'instans l'église n'a pu suffire à l'affluence des fidèles. Mgr l'évêque d'Arras a officié pontificalement.

A l'issue de la messe, le Roi a visité les fortifications, le collége, l'hospice des enfans-trouvés; Sa Majesté a manifesté le desir que ces enfans continuassent à travailler devant elle, soit à tisser, soit à carder. Sa Majesté, en visitant les ruines de l'abbaye de Saint-Bertin, a été informée que, d'après les instances de S. A. R. MADAME, Duchesse de Berry, la démolition de ce respectable monument avait été suspendue. Sa Majesté a examiné le plan en relief de cet édifice, tel qu'il était encore au siècle dernier; ce plan est conservé à la bibliothèque.

Le soir, Sa Majesté est allée au bal à travers des flots de spectateurs. La salle, beaucoup moins vaste que celle de Lille, était ornée à l'aide du garde-meuble. Les dames étaient rangées des deux côtés sur trois rangs de gradins; leur mise était simple et élégante; on remarquait une foule de jolies personnes. L'espace nécessaire pour danser manquait. Le Roi a parlé à presque toutes les dames, en parcourant les deux salons.

M. le Dauphin s'est entretenu avec un grand nombre d'officiers. La salle du bal resplendissait d'uniformes brillans. Après avoir assisté à la danse des quadrilles, le Roi s'est retiré à dix heures. La foule qui couvrait la place lorque Sa Majesté entrait dans l'hôtel-de-ville, était restée en station, tant l'avidité de voir le Roi et son auguste fils était universelle. La consolation de tout ce peuple qui ne pouvait pénétrer dans les fêtes était dans ces mots qui sortaient de toutes les bouches : « Que m'importe d'attendre? j'aurai vu le Roi avant de mourir. » Le mot n'est pas gai, mais il exprime un véritable dévouement.

Comme le Roi donne l'exemple de la courtoisie envers les étrangers, tout le monde s'empresse de les fêter : aucun des officiers supérieurs anglais ou russes ne reste seul dans les salons ou dans les manœuvres ; un général ou un officier du palais s'occupe de chacun d'eux. Hier, après le dîner, le Roi s'est beaucoup entretenu avec le prince Dolgorowski, et lui a témoigné sa satisfaction du maintien de la bonne intelligence entre la France et la Russie.

Saint-Omer, le 14 Septembre.

La journée d'hier est celle qui a intéressé le plus le Roi, sous le rapport de l'art militaire. Le terrain sur lequel s'est passée l'action est très-avantageux pour une théorie pratique. Il y a de tout : rivière, ravin, colline, mamelon, plaine. Le thème était l'attaque et la défense du camp.

Après le passage très-difficile d'un ravin, le Roi, qui suivait tous les mouvemens, a passé devant la tête des colonnes, et a dit aux officiers : « Messieurs, » c'est très-bien; vos hommes ont franchi cet obs- » tacle on ne peut pas mieux : je ne doute pas qu'ils » n'eussent encore mieux fait devant des ennemis » réels. »

Dans le cours de cette action, qui a été fort brillante, on a eu la possibilité d'offrir au Roi les mouvemens les plus remarquables de la stratégie : la formation des carrés, les changemens de front, les passages des lignes. L'affaire s'est terminée par des charges de cavalerie, exécutées d'une manière supérieure. A cette occasion, sir George Viwiant, inspecteur général de la cavalerie anglaise, a fait à M. le général Coëtlosquet des complimens mérités sur la cavalerie française, sur la manière vive avec laquelle cette troupe exécutait ses conversions, et la supériorité que les hommes mettaient à se rendre maîtres de leurs chevaux.

Le Roi a suivi tous les mouvemens, en franchissant les obstacles de terrain comme l'aide-de-camp le plus leste.

Pendant l'action, il est arrivé un accident trop ordinaire : un écouvillon est parti pendant que le canonnier bourrait la pièce, parce que la lumière n'avait pas été bien bouchée; le bâton a été lancé fort loin et a renversé le canonnier; le Roi, instruit de l'accident, a envoyé de suite M. le comte de Trogoff, un de ses aides-de-camp, pour s'informer du fait et de la gravité du mal. Cet officier général a traversé toutes les lignes, et il a pu se convaincre par ses propres yeux que cet accident se bornait à peu de chose : le canonnier avait eu la main légèrement brûlée, et le bâton, en tombant, n'avait blessé personne.

On avait distribué cinquante cartouches aux soldats des compagnies du centre, et cent aux voltigeurs et grenadiers; ces munitions ont été épuisées en entier.

Le soir, les généraux et les colonels ont eu l'honneur de dîner avec le Roi, qui a témoigné son contentement à M. le général Curial pour la manière distinguée avec laquelle la petite guerre avait été exécutée.

Saint-Omer, le 15 Septembre.

Le voyage du Roi touche à son terme; mais, quoiqu'il ait été très-rapide, il laissera de longs et profonds souvenirs dans les provinces du nord. La présence d'un roi de France est un grand moyen de séduction, et celle d'un Bourbon est encore plus puissante. Il y a dans les princes de cette famille une aisance de manières si aimable, des paroles si affectueuses, une bonhomie si attrayante et une majesté si populaire, qu'il suffit qu'ils se montrent et qu'ils parlent pour qu'on les aime. Un bon paysan flamand disait l'autre jour naïvement, en voyant passer le Roi qui sortait de l'hôpital général et qui souriait au peuple avec sa grâce accoutumée : *On peut dire que notre Roi a de bonnes façons, et que c'est un homme bien à sa place.*

Il a séduit les troupes comme le peuple, le soldat comme le paysan. Au camp, on ne parle que de lui et du Dauphin ; les bustes de ces deux princes qui se retrouvent, près de chaque tente, reproduits de cent manières diverses, sont tous depuis quelques jours couronnés de fleurs et chargés de devises nouvelles. Par un noble échange d'amour et de dévouement, chaque régiment revendique le Roi comme sien, et se donne à lui comme sa propriété ; on lisait au camp, dans plusieurs endroits, des inscriptions de ce genre : *A notre Charles X, son 47ᵉ régiment de ligne.* Au bas d'un très-beau cadran solaire placé devant l'entrée d'une tente, et où chacune des heures de la vie d'un soldat était indiquée, depuis celle de la manœuvre jusqu'à celle de la soupe, on lisait : *Il est toujours l'heure de servir le Roi.*

Aujourd'hui, le Roi a été faire sa dernière visite au camp. Sa Majesté s'y est rendue, après avoir entendu la messe dans ses appartemens, accompagnée du Dauphin et du prince d'Orange; elle est arrivée à midi aux Bruyères: elle a fait manœuvrer devant elle l'artillerie d'après les nouveaux procédés, et avec les nouveaux trains sur lesquels les canonniers se trouvent assis pendant la marche, ce qui les fait plaisamment appeler, par les soldats, *l'artillerie en tilbury*. Sa Majesté s'est convaincue de quelques avantages qui devaient résulter de ce service, tant pour l'économie que pour la rapidité des évolutions et la commodité des artilleurs.

Après les manœuvres, le Roi s'est rendu au camp, et a distribué des récompenses aux troupes. On a procédé à l'attaque générale du fort. Sa Majesté a vu jouer quelques mines; mais elle s'est opposée à ce qu'on fît jouer celles qui devaient faire sauter les bastions. Toujours pleine de sollicitude pour ses sujets, et craignant les accidens presque inévitables qui auraient pu résulter d'une explosion dans un terrain pierreux, elle a dit au comte Curial: *La perte des soldats dans une bataille est pour un bon Roi le plus grand des maux de la guerre; mais je me reprocherais toute ma vie la mort d'un seul d'entre eux dans des jeux militaires.*

Il était près de cinq heures quand le Roi a quitté

le camp. L'affluence du peuple était encore plus considérable sur la route que les jours précédens; la population des campagnes est accourue pour jouir encore une fois de la présence de son souverain. Ce soir, il y aura réception chez le Roi; un grand nombre de personnes de la ville, de généraux, d'officiers supérieurs et d'étrangers de marque ont été invités au dîner et à la soirée qui aura lieu dans les appartemens. Les ordres sont donnés pour le départ du Roi pour Arras demain 16, à huit heures du matin. On ne prendra le deuil, à cause du dimanche, pour l'anniversaire de la mort de S. M. Louis XVIII, que lundi 17.

Ce matin, après la messe, il y a eu plusieurs présentations; Sa Majesté a daigné accueillir avec la bienveillance la plus flatteuse M. Hédoin, avocat de Boulogne, et a bien voulu agréer son intéressant ouvrage sur les antiquités de l'Artois et du Boulonnais.

Pendant le séjour de Sa Majesté à Saint-Omer, plusieurs députations des départemens voisins ont été admises à être présentées au Roi; elles ont sollicité de Sa Majesté l'honneur de posséder quelques jours le Roi dans leurs contrées. Sa Majesté a daigné leur faire espérer que l'année prochaine il tâcherait, si ses affaires le lui permettaient, de se rendre à leurs vœux. Sa Majesté a dit : *Je suis trop content du voyage que je viens de faire pour ne pas le recommencer l'année prochaine.*

Les aumônes que le Roi a répandues sont très-considérables : on ne lui a pas signalé une infortune sans qu'il ait voulu l'adoucir. Des personnes bien instruites évaluent à plus de 400,000 fr. les sommes que Sa Majesté a distribuées en bonnes œuvres sur sa cassette pendant le voyage : la charité ne compte pas; mais un mathématicien ne manquerait pas de calculer que, pendant un voyage de quinze jours, le Roi a donné plus de 2,000 francs par heure.

Arras, le 16 Septembre.

Le Roi est parti de Saint-Omer ce matin à neuf heures. Sa Majesté, pour témoigner, par un dernier acte de bienveillance, aux habitans de cette ville, combien elle avait été sensible à l'empressement qu'ils ont montré pour sa personne, a voulu traverser la ville à cheval, au milieu d'une population nombreuse, qui lui exprimait son amour par les plus vives acclamations. Les villages que le Roi a traversés en se rendant à Aire, étaient ornés d'arcs de verdure et de guirlandes de feuillages. La population bordait la route, ayant à sa tête les maires et le clergé. Des troupes de paysans à cheval et des chariots chargés de jeunes filles se distinguaient dans cette foule, dont les cris et les traits exprimaient l'allégresse et le plus profond dévouement.

La ville d'Aire était ornée et pavoisée comme les villes de Flandre. Le Roi a daigné descendre à l'hôtel-de-ville, et y a reçu les hommages des autorités et des dames. Des fleurs lui ont été offertes par vingt jeunes personnes vêtues de blanc. Sa Majesté a traversé la ville en calèche.

Lillers et les autres communes de la route n'étaient pas moins bien ornées ni moins brillantes. La population y était accourue et faisait éclater à la vue du Roi les expressions du plus vif enthousiasme.

Béthune avait fait de grands préparatifs pour prouver au Roi ses sentimens de fidélité et d'amour; toutes les maisons étaient réparées et blanchies à neuf. Des arcs de triomphe, une suite non interrompue de poteaux portant des drapeaux, des devises, étaient entourés et liés les uns aux autres par des guirlandes de feuillage et de fleurs. Ces mêmes guirlandes, se croisant d'un côté de la rue à l'autre, relevées en forme de dais, soutenant des couronnes et des faisceaux de fleurs, formaient, pour des cœurs français, un coup-d'œil plein de charme. Une foule immense inondait les rues, remplissait les fenêtres, et faisait retentir les airs des cris de *vive le Roi!* Sa Majesté est montée en calèche à l'entrée de la ville, et s'est rendue à l'hôtel-de-ville. Elle y a reçu, avec son affabilité accoutumée, une corbeille de fleurs qui lui a été présentée par les jeunes personnes de la ville, et les hommages des corps et des autorités. Sa Majesté a laissé les habitans de Béthune charmés de sa bonté et ivres du bonheur que leur a procuré sa présence.

Les mêmes acclamations ont accueilli le Roi sur la route de Béthune à Arras; mais dans cette dernière ville elles se sont accrues en raison de l'immense population qui y était rassemblée. Toutes les rues situées sur le passage du Roi étaient sablées comme dans toutes les villes que Sa Majesté a traversées; les maisons étaient restaurées, repeintes, drapées et couvertes de fleurs. Les drapeaux blancs à toutes les croisées, et ces masses de verdure et de fleurs tapissant les murailles, ou élégamment relevées dans les rues et formant un long berceau, présentaient un aspect ravissant. Le Roi a été reçu par les habitans d'Arras avec un bonheur et des démonstrations d'amour impossibles à rendre, et dont on ne peut concevoir la vivacité et l'unanimité que quand on a vu son entrée dans Lille. Cette foule innombrable de bénédictions s'élevant du sein d'une ville parée comme un temple est une énergique et bien touchante expression de l'opinion de la France.

Le Roi est descendu à la préfecture. Il y a trouvé rassemblées cent jeunes demoiselles, qui lui ont offert des fleurs, et les divers corps civils et militaires, dont elle a agréé les hommages.

Dans le nombre des décorations préparées sur son passage, on remarquait un fort grand et fort beau berceau de verdure élevé par les portefaix d'Arras, qui, habillés tous d'une manière uniforme, étaient rangés sur deux haies près de ce monument. Plus loin on voyait un arc d'ordre dorique dont les colonnes cannelées étaient ingénieusement imitées par de la percale plissée, et sur cet arc de triomphe une troupe d'enfans, avec cette inscription : *Nous étions orphelins.*

Le soir, le Roi s'est rendu au théâtre, où il a été reçu avec les plus vifs transports de joie et d'amour. Partout sur sa route Sa Majesté a trouvé les mêmes témoignages d'affection et de fidélité. La ville a été entièrement illuminée.

Tous les cœurs vraiment français recueillent en ce moment les tributs d'amour et de reconnaissance qui accompagnent le Roi dans tout son voyage, et voient combien il est aimé. Que ne peut-il être partout! Sa présence, ses manières à-la-fois royales et paternelles rallieraient tous les esprits dans un même sentiment d'amour et de paix, d'union et de fidélité.

Aire, le 17 septembre.

Le jour d'hier a gravé dans nos cœurs des souvenirs ineffaçables. Les habitans des rues par lesquelles devait passer un prince chéri avaient rivalisé de zèle pour décorer de verdure, entremêlée de fleurs et d'emblèmes monarchiques, les façades de leurs maisons.

Sa Majesté reçut d'abord de M. le maire, accompagné de MM. ses adjoints, et de M. le lieutenant de roi, les clefs qu'ils eurent l'honneur de lui présenter, et répondit avec beaucoup de bienveillance aux discours qu'ils lui adressèrent.

Après la harangue de M. le maire, et cédant à ses instances avec cette grâce particulière qui ajoute tant de prix à la faveur, Sa Majesté, quittant sa voiture de voyage, fit son entrée au petit pas dans une calèche découverte, qu'une prévoyante sollicitude et l'espoir qu'elle daignerait l'accepter avaient tenue préparée, et arriva sur la grande place, au milieu des cris mille fois répétés de *vive le Roi*, auxquels elle parut très-sensible, par l'expression affectueuse qui se manifestait dans tous ses traits.

Descendue à l'hôtel de la mairie, où l'attendaient

de jeunes demoiselles qui lui offrirent une corbeille de fleurs, Sa Majesté la reçut aussi gracieusement qu'elle répondit au compliment que lui avait adressé Mlle de Werbier d'Autigneul, fille de M. le premier adjoint de cette mairie, et se rendit dans la salle d'audience, où retentit de nouveau le cri si cher aux Français, en traversant une double haie, formée d'un côté par les fonctionnaires civils, ecclésiastiques et militaires, MM. les officiers en retraite et de la garde nationale, et de l'autre par les dames, desquelles elle daigna s'approcher en leur adressant des paroles bienveillantes et flatteuses.

Sa Majesté permit ensuite que les présentations lui fussent faites dans l'ordre accoutumé, reçut favorablement diverses pétitions, et remonta dans la calèche, après avoir témoigné sa satisfaction à M. le maire, entre les mains duquel elle laissa des marques de sa munificence envers la classe indigente.

Au sortir de la ville, Sa Majesté en rendit les clefs à M. le maire et à M. le lieutenant de roi, en les assurant de la manière la plus affable de sa confiance en eux.

Les regrets de ne pouvoir posséder plus longtemps Sa Majesté se mêlèrent aux acclamations dont fut accompagné son départ : elle les accueillit, comme à son arrivée, par des saluts si affectueux, que tous les habitans en parurent au comble du bonheur, voyant avec quelle bonté touchante la majesté royale daignait se voiler, si j'ose m'exprimer ainsi, pour ne laisser apercevoir qu'un père au milieu de ses enfans.

Une illumination générale et un bal charmant, où régna la plus vive allégresse, terminèrent cette belle journée. La présence de MM. les gardes-du-corps contribua à l'embellissement de la fête, et la cordialité de l'accueil qu'ils reçurent chez leurs hôtes a pu les convaincre des bons sentimens qui animent la ville d'Aire.

Le *Moniteur* du 15 contient l'article *Paris* ci-après.

« Le *Moniteur* éprouve le besoin d'échapper un moment à la gravité des relations officielles qu'il doit livrer au public sur toutes les circonstances du voyage du Roi. Les discours adressés à Sa Majesté par les divers fonctionnaires, les réponses du Roi, toujours si heureuses, si touchantes, ont été enregistrés avec soin dans notre feuille, qui doit à cette heureuse circonstance une popularité dont elle est fière. L'étendue obligée de ces relations, l'urgence de la publicité qu'elles méritaient, et la rapidité du voyage de Sa Majesté, ne nous ont pas toujours permis de donner tous les développemens desirables à des récits non moins intéressans sans doute, puisqu'ils révélaient des rapports plus doux et plus intimes, des communications plus personnelles entre le meilleur des rois et ceux qu'il se plaît à nommer ses enfans. Aujourd'hui nous nous dégageons avec joie des formes de l'étiquette et des protocoles du cérémonial, pour prendre aussi notre place dans les rangs de cette population qui s'est pressée sur les pas du Roi, depuis les portes de son palais jusqu'au seuil de l'humble chaumière dont sa présence faisait un temple pour ses heureux habitans.

» Chaque ville, chaque bourg, chaque commune, a fait des prodiges de zèle pour témoigner au Roi son amour et son dévouement. Des gardes nationales, des gardes d'honneur, créées comme par enchantement, offraient à-la-fois le spectacle de la plus belle tenue et l'expression des sentimens les plus nobles et les plus fidèles. De riches décorations, des illuminations brillantes, d'ingénieux emblèmes, se succédaient sur le passage de Sa Majesté. Les villages rivalisaient, par l'élégante architecture de leurs feuillages et par la naïveté de leurs cris d'amour, avec les dorures et les magnificences des villes. L'art disputait à la nature l'honneur de fêter le Roi de France, le père des Français; et ce Roi, si bon dans sa dignité, si noble dans ses grâces familières, parlait leur langue à tous les intérêts, à toutes les classes, à toutes les positions. Aussi sa voix allait à tous les cœurs; son regard atteignait jusqu'à ceux où sa voix n'avait pu parvenir; son sourire faisait autant de conquêtes que ses paroles.

» La piété l'admirait au pied des autels; la gloire le saluait au camp; le malheur le bénissait sous le chaume; la justice recueillait ses paroles comme des instructions sacrées; les arts s'enflammaient aux encouragemens qu'il leur accordait avec autant de goût que de bonté; l'industrie se relevait avec honneur sous la main du Roi qui touchait ses produits avec une admiration toute paternelle, qui mettait en mouvement avec une sorte de fierté l'une de ces machines dont l'activité fait vivre tant d'artisans utiles, et qui, interrogeant la sûreté d'une échelle, trouvait qu'elle pouvait porter le Roi de France, quand on lui apprenait qu'elle suffisait chaque jour à de nombreux ouvriers, tous pères de famille. Les questions adressées par le Roi aux ouvriers et à leurs chefs étaient comme les traits de lumière d'un homme éclairé, qui instruit les autres en cherchant à s'instruire; ses encouragemens, ceux d'un monarque qui veut et qui sait protéger les arts. A Cambrai, à Saint-Quentin, à Lille, à Valenciennes, à Douai, aux mines d'Anzin, aux fonderies de Raismes, les ouvriers pleuraient de joie et d'admiration en voyant, en entendant le Roi, qui dans ce moment n'était plus que leur père, encourager leurs travaux par des observations toujours si justes, par des éloges si bien sentis.

» Parlerons-nous des bienfaits innombrables répandus sur le passage de Sa Majesté? Le respect nous arrête; mais, sans nous permettre de lever le voile dont le Roi couvre toujours le bien qu'il se plaît à faire, nous savons que dans une seule ville cinquante mille francs ont été versés sur l'indigence et le malheur. Et quel baume n'a-t-il pas répandu peut-être sur quelques cœurs aigris, s'il pouvait en rester encore après trois années de son règne! Des voix qui n'avaient pas eu l'occasion, sans doute, depuis la restauration, de crier *Vive le Roi*, se sont montrées les plus ardentes à crier sur son passage *Vive Charles X*. Elles bénissaient à-la-fois la royauté, et celui qui la rend si vénérable et si chère à son peuple.

» La santé de Sa Majesté semblait s'affermir de ville en ville, à mesure que son bonheur augmentait; et son bonheur, c'est celui de ses peuples. Le Roi avait besoin de le contempler par lui-même; le peuple avait besoin aussi de voir de près ce prince de qui lui viennent tant de prospérités. La France et le Roi s'entendent si bien, malgré tous ceux qui cherchent à s'interposer entre eux! Espérons que ce récit naïf de la joie nationale touchera le cœur des hommes qui, animés de craintes factices ou de desirs coupables, prévoyaient dans ce voyage de grands *événemens*. Il n'y a d'événemens que les transports des villes admises au bonheur habituel de la capitale. Le Roi paraît, et tous les nuages disparaissent devant lui. Les soupçons de parti se changent en acclamations d'amour; la voix du peuple répond au cœur du prince; tout est confiance et respect; tout est bienfaits et reconnaissance. Aimons donc à rappeler que, le 14 juillet dernier, après avoir exposé toutes les causes de sécurité qui existaient au dedans et au dehors du royaume, nous avions dit: « Le moment est bien choisi pour la » grande fête militaire qui se prépare. L'armée va » recevoir dans ses rangs le père de la patrie, le Roi » qui a confirmé nos institutions, source de tant » de biens, et qui les jure par son épée au milieu » de ses camps comme il les a jurées par son » sceptre sur les autels de Reims. »

» Français du nord, ce Roi qui est au milieu de vous, c'est le Français de plus qui règne sur la grande famille. Habitans de Lille, c'est le père . . . du Duc de Bordeaux, qui réveille en vous tant de souvenirs. Soldats, c'est le père du noble Dauphin devant qui s'est abaissée Cadix. Propriétaires de toutes les dates, c'est l'auteur de la loi d'indemnité. Commerçans, manufacturiers, industriels, c'est le prince éclairé dont la sollicitude a fait tant de choses depuis trois ans pour vos intérêts, et qui a conquis Saint-Domingue pour vous, en y renonçant pour lui-même. Ministres de la religion, c'est le restaurateur de vos temples, de vos existences, c'est le Roi très-chrétien modèle de la piété sur le trône. Magistrats, c'est celui de qui émane le bienfait de la justice que vous rendez en son nom, celui qui plus que jamais a consacré votre indépendance. Citoyens de toutes les classes, de tous les rangs, de toutes les opinions, c'est le frère de l'auteur de la Charte, qui s'est approprié son ouvrage en le consolidant, et qui a dit : *Tous les Français sont égaux à mes yeux.* Oui, tous le sont, pour bénir le Roi qui vient au milieu d'eux honorer des services, le législateur qui vient étudier leurs besoins, le père qui vient répondre à leur amour. Et que la capitale n'envie point aux provinces vingt jours de cette joie : son Roi va bientôt lui être rendu. »

On lit l'article suivant dans le *Moniteur*, sous la date de Paris, du 19 :

« Le Roi est attendu demain à Saint-Cloud, de retour d'un voyage de près de vingt jours qui laissera de longs souvenirs dans les provinces qu'il a parcourues. Nous en avons recueilli avec soin les principales circonstances. Sans doute, pour les témoins oculaires, nos récits ont dû paraître faibles et décolorés; les démonstrations de la joie publique ne peuvent se décrire qu'imparfaitement. Néanmoins ils ont été entendus et compris de la France entière. Notre correspondance des départemens nous apprend que le voyage du Roi y était le sujet de toutes les conversations, que les bulletins qui en retracent les détails étaient attendus avec impatience et lus avec le plus vif intérêt.

» Une circonstance surtout a frappé tous les esprits: c'est l'infatigable activité qu'a déployée le Roi. Certes, la plus verte jeunesse envierait cette force de corps et d'esprit qui, pendant toute la durée de son voyage, lui a permis de consacrer chaque jour six ou sept heures à suivre les manœuvres de ses troupes, à visiter les fortifications, les canaux, les sites historiques, les ateliers, les manufactures, les hôpitaux, les musées, tous les établissemens publics de quelque importance; de n'interrompre ces nobles occupations que pour donner audience aux magistrats, aux administrateurs, aux négocians, aux notabilités de chaque localité; et après des journées si bien remplies, de trouver encore le temps et la force d'assister à ces fêtes qui naissaient, pour ainsi dire, sous ses pas, où sa présence était un bienfait public, et où ses paroles sont devenues des souvenirs pour tous ceux qui ont eu le bonheur de les recueillir.

» Lorsque le monarque a quitté sa capitale, on savait qu'il allait visiter le camp de Saint-Omer et assister aux grandes manœuvres qui s'y préparaient. Le commandement des armées est le plus ancien attribut de la royauté; et toujours l'épée de nos rois fut le plus ferme bouclier de la France. Mais Charles X est, avant tout, le roi de notre époque; comme son auguste frère, comme l'immortel auteur de la Charte, il en a compris les besoins, les intérêts, les gloires diverses. Avant d'arriver au camp, avant de montrer aux soldats impatiens ce panache de gloire que lui ont légué ses aïeux, il a voulu parcourir en détail et vivifier par sa présence les départemens environnans. Les prospérités de la paix ont d'abord fixé son attention. Il a tout vu, tout interrogé; sa sollicitude n'a rien négligé, rien dédaigné. Son itinéraire est devenu comme une carte statistique où se dessine le bien qui a été fait et le bien qui reste à faire. Si à Paris nous voyons le vieux Louvre, avec ses pompes et ses souvenirs, ouvrir ses portiques aux produits des arts modernes, les départemens du nord ont vu Charles X visiter en personne le commerce et l'industrie, recevant leurs félicitations, écoutant leurs doléances, encourageant leurs succès. On a prétendu que pendant long-temps l'histoire de France n'a été que l'histoire de la cour. Les temps sont bien changés. Il serait plus vrai de dire aujourd'hui que pendant toute la durée du voyage du Roi les bulletins de la cour sont devenus l'histoire du pays; car, hommes et choses, tout ce qui est notable y a tour-à-tour figuré.

» Le Roi, qui dans sa jeunesse avait parcouru les mêmes contrées, a été frappé des améliorations en tous genres que présente l'aspect des villes et des campagnes. A plusieurs reprises, il a témoigné sa satisfaction de voir la richesse, ou au moins l'aisance, plus généralement répandue dans toutes les classes de ses sujets. Il s'est constamment entretenu des causes qui ont amené cet état de choses, des moyens de l'accroître et d'en assurer la durée. Cette aisance générale, cette prospérité matérielle, comme l'appellent certains publicistes moroses, est l'indice le plus certain d'un bon gouvernement. Elle a été pour le cœur du monarque un doux spectacle et la plus digne récompense de ses royales sollicitudes; elle est en même temps le plus sûr appui de son autorité. A défaut de l'histoire, des exemples contemporains prouvent de reste que la misère et l'ignorance qui l'accompagne ne sont bonnes à rien, pas même à préserver des passions et des commotions politiques. Mais sans parler de dangers, quel prix pourraient avoir pour une ame généreuse ces cris et ces joies d'hommes abrutis, qui dans tout événement public ne voient et ne cherchent qu'une distraction à leur misère habituelle? Les départemens qu'a visités le Roi sont au nombre des plus riches et des plus populeux de la France; ces populations éclairées et industrieuses se sont partout montrées fières et heureuses de vivre sous le sceptre des Bourbons, et les acclamations qu'elles ont fait entendre à la vue du prince ont été à tous égards dignes de celui à qui elles s'adressaient. Il y a plus d'un siècle, un autre roi de France rêvait pour ses peuples cette prospérité qui frappe nos regards; il voulait que l'aisance pénétrât jusques sous les plus humbles chaumières: chacun se rappelle le vœu qu'il forma; ce vœu est devenu populaire et immortel, comme le nom de Henri.

» En terminant ces rapides réflexions que nous inspire le retour du Roi, qu'il nous soit permis d'exprimer un souhait; c'est que chaque année il puisse parcourir ainsi quelques provinces du royaume. Le bien qu'il y fait n'est pas passager comme son séjour. Les Français ont toujours été vivement émus par la présence de leurs souverains; pour eux la royauté ne sera jamais une abstraction. Le prince qui règne a reçu plus qu'un autre le don d'agir puissamment sur tout ce qui l'entoure. Ce fait, observé lorsque pour la première fois il reparut parmi nous, ne s'est pas démenti depuis. Si nous osions porter ici l'analyse, nous dirions que cette puissance n'est en lui que parce que, fortement empreint du caractère français, il est soumis lui-même aux vives sympathies qu'il exerce sur les autres : cette joie qui éclate autour de lui, elle rayonne sur son front; ces *vivat,* ces acclamations, répondent à son sourire : tous les bras sont tendus vers lui; mais le sien, dirigé vers la foule, semble y chercher, pour la presser, la main de tout honnête homme, de tout bon Français. C'est ainsi que partout où il paraît les cœurs sont enlevés.

» Notre sage constitution a pondéré les pouvoirs; toutes les influences politiques sont renfermées dans des limites légales. Une seule ne connaît ni limite ni contrôle; c'est celle que le Roi exerce par sa présence et ses paroles. Toujours, comme aujourd'hui, il lui sera permis d'amollir les cœurs mal disposés, de vaincre les résistances aveugles, de faire tourner au bien de l'État l'amour que l'on porte à sa personne. Ce droit, surtout en France, est un droit imprescriptible de la royauté. »

FIN.

www.ingramcontent.com/pod-product-compliance
Ingram Content Group UK Ltd.
Pitfield, Milton Keynes, MK11 3LW, UK
UKHW022045190726
13855UKWH00002B/408